# WJEC French

Jean-Claude Gilles

Published in 2013 by:
Nelson Thornes Ltd
Delta Place
27 Bath Road
CHELTENHAM
GL53 7TH
United Kingdom

13  14  15  16  17 / 10  9  8  7  6  5  4  3  2  1

A catalogue record for this book is available from the British Library

ISBN 978 1 4085 2018 5

Cover photograph: Classix / iStockphoto
Illustrations by Andy Keylock
Page make-up by Hart McLeod Ltd, Cambridge
Printed in Croatia by Zrinski

# Contents

# How to use this book

## Transition

The activities and guidance here are to help you bridge the gap between AS and A2. There may be particular areas where you are still not confident or where you wish to revise. Look through this at the start of your course and decide what you need to practise. You can always refer back later in the year.

## Order of topics

Each section of the book covers a range of grammar topics (verbs, articles, adjectives, word order, etc.). You can work through the points in order (more challenging ones are covered towards the end), or use the book for independent practice when you're covering a particular point in class. Once you've covered all the points in one section, you're ready for the Mixed practice and Test yourself activities.

## Mixed practice

At the end of each section there are some mixed practice activities covering the different points you have encountered. You can try these throughout the year or use them for revision while you prepare for your listening, reading and writing exam.

## Test yourself

These activities follow a format you are more likely to encounter in the listening, reading and writing paper – hence the rubrics are in French. When you are in the exam you will not be told which grammar points you need to practise, or that a question is particularly geared towards testing your grammar knowledge and accuracy. Therefore it is important to get used to tackling this type of question with confidence.

## Longer activities

Some activities will require more extended responses or offer the opportunity for more creative work. For these it will be suggested that you work on a separate sheet of paper. Alternatively you can type up and save your answers to refer to again when revising.

## Receptive knowledge only

The WJEC specification, which you can consult online, includes a list of the grammatical structures you will be expected to have studied. Some structures are marked with an (R), which indicates receptive knowledge only is required. This means you need to understand phrases and sentences which use the structures but will not need to apply them in your own written and spoken work. Even so, if you are confident in using them yourself you should do so!

## Grammaire

These offer extra support in understanding the point being tested. Don't refer to them unless you need to! If you need additional information, go to the grammar reference section of your Student Book.

## Astuce

These offer extra 'handy hints' for tackling different questions, remembering particular rules and applying your grammar knowledge in practice.

## Progress tracker

Use the progress tracker, at the back of the book, to tick off which pages of the workbook you have completed, and make a note of how confident you feel with each topic and any particular areas of difficulty, (e.g. 'think about word order!'). Going back to this will help you when you come to revise.

## Grammaire

### Definite articles

Although *le, la, l', les* are generally used in the same way as 'the' in English, there are occasions when 'the' is omitted but the French equivalent is required. This is the case before:

- abstract nouns
- nouns used to generalise
- names of continents, countries, regions and languages
- arts, sciences, school subjects, sports, illnesses, parts of the body
- meals and drinks
- fractions
- titles.

*Le, la, l', les* however are <u>not</u> required:

- with languages placed after the verb *parler*
- after *en* or *de* with feminine place names.

### Indefinite articles

Although *un, une, des* are used in the same way as 'a', 'an', 'some', 'any', they are omitted:

- after *quel, comme, en, en tant que, sans, ni*
- before a person's occupation
- in a list.

### Partitive articles

Partitive articles *du, de la, de l', des* mean 'some', 'any'. All the forms change to *de/d'*:

- after a negative verb (this also applies to *un/une*). Note however that it does not apply after *ne … que.*
- in expressions of quantity such as *beaucoup de, assez de, trop de*.
- with plural nouns preceded by an adjective: *de belles fleurs*.
- in expressions such as *bordé de, couvert de, entouré de, plein de, rempli de*.

Note that 'some' can sometimes be omitted in English, but not in French: He sells vegetables. *Il vend des légumes.*

---

**1** Write the sentences in French.

a   Half of France voted for President Hollande.

_____

b   I think that French is more difficult than German.

_____

c   Breakfast, lunch and dinner are included in the price.

_____

d   He brushes his teeth every day.

_____

e   She spent a year in Provence where she spoke French all the time.

_____

**2** Complete the English translations (1–5) so that they can be matched up with the French sentences (a–e). Then, write the correct number in each box.

a   *Quel imbécile!*     ☐   1  As _____ .

b   *Elle aurait aimé devenir chirurgienne.*     ☐   2  Without any _____ .

c   *En tant que maire, c'est votre responsabilité.*     ☐   3  What an _____ .

d   *Sans argent, la vie est difficile.*     ☐   4  He does not _____ .

e   *Il n'a ni télévision ni ordinateur.*     ☐   5  She would have liked _____

_____ .

**3** Fill in the blanks with the correct partitive article each time.

a   Il fait pousser beaucoup _____ légumes dans son jardin: _____ oignons, _____ tomates, _____ ail.

b   Le maire a l'intention de réaliser _____ grands projets.

c   Comme il est végétarien, il ne mange pas _____ poisson ou _____ viande. En fait, il ne mange presque que _____ fruits et _____ légumes.

d   On nous donne beaucoup trop _____ devoirs à faire.

## Grammaire

Adjectives have to agree with the nouns they describe. You will be familiar with the regular patterns:

| masc. sing. | fem. sing. | masc. plural | fem. plural |
|---|---|---|---|
| intéressant | intéressante | intéressants | intéressantes |

However, adjectives that end in -e do not need an extra -e in their feminine form. Adjectives that end in -s or -x do not change in the masculine plural.

There are other patterns for masculine/feminine endings: see Exercise 1a.

**1b** Now think of examples for five of the pairs in Exercise 1a and then use them in French sentences of your choice.

Example: *dangereux/dangereuse – Le ski est un sport dangereux.*

a _____

b _____

c _____

d _____

e _____

**1a** Match up the masculine singular endings of adjectives (a–k) with their feminine singular forms (1–11).

a  -er ☐       1  -onne

b  -eur ☐      2  -che / -que

c  -f ☐        3  -eille

d  -x ☐        4  -ère

e  -l ☐        5  -ve

f  -on ☐       6  -euse

g  -eil ☐      7  -enne

h  -el ☐       8  -se

i  -en ☐       9  -ète

j  -et ☐       10 -elle

k  -c ☐        11 -lle

**2a** Although most adjectives follow the noun they describe, several of them precede it. Find 16 such adjectives in the wordsearch and list them.

| B | E | A | U | S | J | V | E | L | O |
|---|---|---|---|---|---|---|---|---|---|
| F | O | R | P | V | O | A | G | E | N |
| G | E | N | T | I | L | S | N | H | I |
| M | P | E | T | L | I | T | O | I | R |
| A | E | D | U | A | J | E | U | N | E |
| U | T | C | A | I | G | O | V | V | I |
| V | I | O | H | N | R | T | E | I | M |
| A | T | N | B | A | A | M | A | E | E |
| I | S | O | R | G | N | J | U | U | R |
| S | A | M | C | E | D | T | L | X | P |

_____  _____

_____  _____

_____  _____

_____  _____

_____  _____

_____  _____

_____  _____

_____  _____

**2b** Make up examples for the 16 adjectives from Exercise 2a used with a noun.

Example: *un nouveau problème*

a _____

b _____

c _____

d _____

e _____

f _____

g _____

h _____

i _____

j _____

k _____

l _____

m _____

n _____

o _____

p _____

## Grammaire

Take care when using *nouveau, beau, vieux* and *gros*.

| masc. sing. | fem. sing. | masc. sing. + vowel or silent *h* | masc. plural | fem. plural |
|---|---|---|---|---|
| nouveau | nouvelle | nouvel | nouveaux | nouvelles |
| beau | belle | bel | beaux | belles |
| vieux | vieille | vieil | vieux | vieilles |
| gros | grosse | gros | gros | grosses |

### Invariable adjectives

Compound adjectives such as *bleu clair, bleu foncé,* and colours which are actually a noun used as an adjective, e.g. *marron* (chestnut), never change.

**1** Choose the correct relative pronoun to fill the gaps: *qui, que, qu'* or *où*.

a Le repas _____ on a pris hier au restaurant était super.

b Juillet et août sont les mois _____ il peut faire trop chaud en Provence.

c Je me demande bien _____ va remplacer le directeur.

d J'ai lu _____ les Jeux Olympiques, _____ sont quelque chose _____ m'intéresse beaucoup, seront retransmis sur TF1.

e Ils ont dit _____, le moment _____ ils arriveront, ils nous téléphoneront.

f Je crois _____ le jour _____ il commencera à neiger, on ne va pas pouvoir sortir de chez nous.

g Celui avec _____ je m'entends le mieux, c'est mon grand frère.

h Les garçons _____ on a rencontrés sont tous sympas.

**2** Translate a–e into French.

a The ingredients I need for this recipe are expensive.

b Here is the boy I have talked to you about.

c The dog she is afraid of is enormous.

d My dentist, whose son I know, lives nearby.

e You haven't got a choice. It's the new model, the colour of which is blue.

**3** Complete a–h with the correct choice from: *ce qui, ce que, ce qu', ce dont*.

a Je ne sais pas _____ tu veux.

b Ce n'est pas du tout _____ il a envie.

c _____ je trouve difficile, c'est de savoir _____ elle pense.

d _____ est intéressant, c'est de voir _____ ne fait pas partie des visites officielles.

e _____ il a peur, c'est d'échouer à ses examens.

f C'est _____ il me faut. C'est exactement _____ j'ai besoin.

g C'est _____, à mon avis, est le plus important.

h Je n'ai pas compris _____ le prof a essayé de nous expliquer.

## Grammaire

*Qui* (who, whom, which, that) represents the subject of the verb that follows. It is also used after prepositions such as: *à, de, avec*.

*Que* or *qu'* (who, whom, which, that) relates to the object of the verb.

*Où* means 'where'. However, after a noun referring to time, it means 'when'.

*Dont* (whose, of which) replaces *de qui* or *de + lequel*. It can refer to people or things. It is always used to connect a noun to verbs followed by *de*, such as *se servir de* and *avoir besoin de*:

*J'ai perdu le stylo dont je me sers toujours.* I've lost the pen I use all the time.

*Qui, que, qu', dont* can all be preceded by *ce. Ce qui, ce que, ce dont* mean 'what'.

Take care! They are not to be used to form questions starting with 'what'.

## Grammaire

Remember that the present tense has various meanings in English. *Je travaille* means 'I work', 'I am working', 'I do work', or even, when used with *depuis*, 'I've been working'.

Regular verbs belong to one of three groups: *-er* verbs, *-ir* verbs, *-re* verbs. Their endings in the present tense are:

*-er* verbs:  -e,   -es,   -e,   -ons,   -ez,   -ent.

*-ir* verbs:  -is,   -is,   -it,   -issons,   -issez,   -issent.

*-re* verbs:  -s,   -s,   -,   -ons,   -ez,   -ent.

Other verbs you can test yourself on: *tenir* (to hold), *écrire* (to write), *lire* (to read), *recevoir* (to receive), *connaître* (to know someone), *jeter* (to throw), *partir* (to leave), *sortir* (to go out).

Test yourself or another student on some of them.

**1** Complete sentences a–e with an appropriate common regular verb in the present tense.

a  Il ne _____ pas d'un instrument de musique.

b  Tous les matins, j'_____ le car à l'arrêt d'autobus.

c  Les cours _____ à neuf heures et _____ à seize heures.

d  A mon avis, on nous _____ trop de devoirs.

e  Quand mon professeur de français nous _____ une question, en général, c'est moi qui y _____ .

**2** Remind yourself of common irregular verbs in the present tense: complete this grid.

|  | avoir | être | aller | venir | faire | prendre | dire | mettre | voir |
|---|---|---|---|---|---|---|---|---|---|
| je/j' | ai |  |  |  |  |  |  |  |  |
| tu | as |  |  |  |  |  |  |  |  |
| il/elle/on | a |  |  |  |  |  |  |  |  |
| nous | avons |  |  |  |  |  |  |  |  |
| vous | avez |  |  |  |  |  |  |  |  |
| ils/elles | ont |  |  |  |  |  |  |  |  |

**3** Write a–e in French.

a  I don't understand what you are saying.

_____

b  My parents allow me to go out until midnight.

_____

c  You see – I am learning fast!

_____

d  I don't recognise her.

_____

e  I admit that I am wrong.

_____

## Astuce

Apply your knowledge of irregular verbs to other verbs: if you know, for instance, the present tense of *prendre*, you will also know the present tense of *apprendre* (to learn), *comprendre* (to understand), *surprendre* (to surprise). Similar links exist between *venir*, *devenir* and *revenir*; and between *mettre*, *admettre*, *permettre* and *remettre*.

**1** Most verbs take *avoir* as the auxiliary. However, 16 verbs take *être*. Five of them have an irregular past participle. Find the 16 infinitives and the five past participles in the wordsearch grid.

| R | E | T | O | U | R | N | E | R | U | R | B |
|---|---|---|---|---|---|---|---|---|---|---|---|
| U | N | R | E | V | E | N | U | I | N | E | E |
| N | T | O | M | B | E | R | N | T | E | V | R |
| E | R | M | N | R | O | I | S | R | V | E | E |
| V | E | P | A | E | N | T | E | O | E | N | S |
| A | R | R | I | V | E | R | S | S | D | I | R |
| R | L | I | T | O | I | A | E | U | E | R | I |
| I | S | L | R | N | O | P | I | T | R | E | R |
| N | U | E | E | S | P | O | N | E | N | M | U |
| E | R | V | I | R | E | S | T | E | R | O | O |
| V | E | O | R | E | R | T | N | E | R | R | M |
| D | E | S | C | E | N | D | R | E | S | T | E |

_____ _____
_____ _____
_____ _____
_____ _____
_____ _____
_____ _____
_____ _____
_____ _____
_____ _____
_____

## Grammaire

The perfect tense is used to say that something 'happened', 'has happened' or 'did happen'. To form it, you need an auxiliary (a present tense form of *avoir* or *être*) and a past participle.

All reflexive verbs also take *être* in the perfect tense. With all verbs that take *être*, the past participle must agree with the subject of the verb, adding *-e*, *-s* or *-es* to the past participle as appropriate.

### Preceding direct objects

Past participles don't change when *avoir* is the auxiliary UNLESS there is a <u>direct object</u> (which could be a noun or a pronoun) that comes <u>before</u> the verb.

*Je les ai vus.* I saw them.

*La robe qu'elle a **choisie** est bleue.* The dress she chose is blue.

There is more practice of this on page 45.

**2** Translate a–e into French.

a Our daughters went to Italy last year. _____

b She got up early. _____

c My parents got interested in ancient monuments. _____

d She was born in nineteen ninety-nine. _____

e She became a dentist. _____

**3** Check you know the most common irregular past participles: write the English meaning of the following ones.

a eu _____
b bu _____
c fait _____
d vu _____
e vécu _____
f lu _____
g dû _____

h su _____
i voulu _____
j connu _____
k reçu _____
l mis _____
m pris _____
n pu _____

o couru _____
p dit _____
q ouvert _____
r écrit _____
s été _____
t compris _____

**4** Complete a–e using the perfect tense of the verbs in brackets. Add *-e*, *-s* or *-es* to the past participles as appropriate.

a Les chaussures que j'_____ sont très belles. (**acheter**)

b Mon portable? Non, je ne sais pas où je l'_____ . (**mettre**)

c Où sont mes lunettes? Je crois que je les _____ . (**perdre**)

d Ta lettre? Oui, je l'_____ ce matin. (**recevoir**)

e Les photos qu'il _____ sont fantastiques. (**prendre**)

**1** Explain to another student what happens to pronouns when they are used in conjunction with the imperative. Write the rule for yourself first.

_____

_____

**2** Write a–e in French.

a Don't write him a letter! Send him an email instead! (Use *tu*.)

_____

b Follow me! Let's go! (Use *vous*.) _____

c Come to see us soon! (Use *vous*.) _____

d Don't ask him for money! (Use *tu*.) _____

e Do as you are told! (Give two answers, one for *tu* and one for *vous*.)

_____

_____

### Astuce

Turn 2e around to say 'Do what they tell you', using *on*. See page 22 for more on the passive.

**3** Write the English for a–e.

a N'aie pas peur! Vas-y! _____

b Ne sois pas têtu! Ecoute ce qu'on te dit!

_____

c Sachons réagir en cas d'urgence.

_____

d Allez! Ne soyez pas difficile! _____

e Sois prudent et rentre à l'heure! _____

**4** Make these sentences negative.

a Asseyez-vous! _____

b Rencontrons-nous devant la porte!

_____

c Couche-toi de bonne heure! _____

d Rase-toi la tête! _____

e Mettez-vous au travail! _____

**5** On a separate sheet of paper, give five pieces of advice on road safety to French children.

Example: *Marchez à gauche.*

## Grammaire

The imperative is used to give commands ('Do this!' 'Don't do that!') or to make suggestions ('Let's do this.').

Use the *tu*, *vous* or *nous* forms of the present tense without the word *tu*, *vous* or *nous*. With *-er* verbs, you also remove the *-s* of the *tu* form: *Regarde!*

The imperative with pronouns – study these examples:

| | |
|---|---|
| *Regarde-**moi**!* | *Ne **me** regarde pas!* |
| *Ecoute-**le**!* | *Ne l'écoute pas!* |
| *Donne-**lui** de l'argent!* | *Ne **lui** donne pas d'argent!* |
| *Allons-y!* | *N'y allons pas!* |

Note these irregular imperatives:

*avoir: aie – ayons – ayez*

*être: sois – soyons – soyez*

*vouloir: veuille – veuillons – veuillez*

*savoir: sache – sachons – sachez*

The imperative of *aller* in the *tu* form is *va*, but the final *-s* is retained before *y*: *Vas-y!* (Go on!)

Reflexive verbs require the reflexive pronoun after the verb:

*lève-toi – levons-nous – levez-vous*

… unless the command is negative:

*ne te lève pas – ne nous levons pas – ne vous levez pas*

**1** On a separate sheet of paper, write six French sentences, using the negative expression given each time. Take care with the verb tenses. Mention:

   **a** something you have never done.

   **b** something you no longer do.

   **c** something you don't do.

   **d** something you only do at weekends.

   **e** something you have never liked doing.

   **f** something you won't ever do.

**2** Write a–f in French.

   **a** Nobody could get out. _____

   **b** Nothing happened. _____

   **c** Neither my friends nor I can speak Italian.

   _____

   **d** None of his friends has a car. _____

   **e** None of their songs was a success. _____

   **f** No one saw us. _____

**3** French sentences occasionally contain more than one negative, which can seem strange to English-speakers. Translate a–f into English.

   **a** Ni lui ni ses frères n'ont jamais pu s'entendre avec son père.

   _____

   **b** Elle n'a jamais rien fait au collège.

   _____

   **c** Personne ne lui a jamais dit qu'il fallait qu'elle aille à l'université.

   _____

   **d** Il n'a plus jamais chanté. _____

   **e** Il ne dit jamais rien. _____

   **f** On n'a plus jamais entendu parler de lui.

   _____

**4** Reorder the words to make correct sentences.

   **a** ne il rien faire préfère _____

   **b** a de ne elle marier se choisi pas _____

   **c** il ne risque de plus voir la _____

   **d** il faut les jeunes à encourager à jamais fumer ne commencer

   _____

## Grammaire

The negative words (*ne … pas*) are normally placed around the verb.

In compound tenses, however, they are placed around the auxiliary: *Elle n'a **pas** téléphoné.* She didn't phone.

Note that with *ne … personne/aucun/que*, the negative words go around both parts of the verb: *Il n'a rencontré **personne**.* He didn't meet anybody.

When a negative starts a sentence, the second part of the negative expression comes first: ***Rien** n'a changé.* Nothing has changed.

To make an infinitive negative, the negative expression comes before it: *J'ai envie de **ne rien** faire.* I feel like doing nothing.

**1** Complete the grid to check you know all of these pronouns.

| subject pronouns | reflexive pronouns | direct object pronouns | indirect object pronouns | emphatic pronouns |
|---|---|---|---|---|
| je/j' | me/m' | me/m' | me/m' | moi |
| tu | | | | |
| il | | | | |
| elle | | | | |
| nous | | | | |
| vous | | | | |
| ils | | | | |
| elles | | | | |

**Grammaire**

Subject, reflexive, direct object and indirect object pronouns are all linked to the verb of a sentence.

Object pronouns precede the verb (*Je t'envoie un mail*) except in the imperative (*Envoie-lui un mail*).

Emphatic or disjunctive pronouns (more on page 42) are used after prepositions (*avec eux, pour moi*).

When more than one pronoun is used after the subject pronoun (*Je le lui donnerai*), you have to place the pronouns in the correct order – see Exercise 3 below.

**2** Translate a–h into French.

a She is meeting him today. _____

b Contact us by email. _____

c Ask them! _____

d We are interested in sport. _____

e He saw her yesterday. _____

f He didn't phone us. _____

g She left without me. _____

h All the presents are for them. _____

**3** Write the groups of pronouns into the grid columns, to show their correct order.

| le la l' les | y | me te se nous vous | en | lui leur |
|---|---|---|---|---|

| 1 | 2 | 3 | 4 | 5 |
|---|---|---|---|---|
| | | | | |

**4** Reorder the words to make correct sentences.

a je ai en parlé lui _____

b la avons nous lui envoyée _____

c les vus je y ne pas ai _____

d ils empêché nous ont en _____

e le avons nous leur prêté _____

**1** Change these verb forms from the present tense to the imperfect tense.

a  je peux _____     h  j'écris _____

b  ils veulent _____  i  il lit _____

c  je dois _____      j  je vois _____

d  il sait _____       k  il connaît _____

e  je vais _____      l  je viens _____

f  j'ai _____          m  je suis _____

g  ils font _____      n  il y a _____

**2** On a separate sheet of paper, write a–h in French, using imperfect tense verbs. Choose your verbs carefully.

a  There were at least fifty-thousand spectators.

b  When I was younger, I used to play football every Saturday.

c  I used to know him well.

d  I was unable to move.

e  The sky was blue and it was sunny.

f  I knew I was right.

g  She used to be on a diet. (Use: *faire un régime*.)

h  I used to walk to school.

**3** Complete these French translations of the English sentences.

a  *I was in the middle of watching a great film when there was a power cut.*

_____ quand

il y a eu une panne d'électricité.

b  *I had just finished doing the washing up when she arrived.*

_____ quand elle est arrivée.

c  *How about going to see them?*_____ les voir?

d  *If I needed money, I would work every weekend of the year.*

_____, je travaillerais tous les week-ends de l'année.

e  *They had just got on to the plane when a delay was announced.*

_____ quand

un retard a été annoncé.

f  *I had been working for two hours when someone knocked at the door.*

_____ quand quelqu'un a frappé à la porte.

g  *If the weather was nice, we could go out tomorrow.*

_____ nous pourrions sortir demain.

h  *He was in the process of mowing the lawn when it started raining.*

_____ à pleuvoir.

(Use: *tondre la pelouse*.)

## Grammaire

The imperfect tense is used to say something 'was happening' or 'used to happen'. It is also used for descriptions in the past: *C'était magnifique.*

To form the imperfect tense, use the *nous* form of the present tense, without the *-ons*, and add these endings: *-ais, -ais, -ait, -ions, -iez, -aient*. There are no irregular endings in the imperfect tense.

For the verb stem, the only exception to the rule (use the *nous* form of the present tense minus *-ons*) is *être*. Its imperfect stem is *ét-* giving: *j'étais*.

### Other uses of the imperfect tense

1  *être en train de* + infinitive = to be in the process/middle of doing:

   *J'étais en train de lire quand il est entré.* I was (in the middle of) reading when he came in.

2  with *depuis* (more about this on page 31):

   *Je l'attendais depuis une heure.* I had been waiting for her for an hour.

3  with *venir de* + infinitive (more practice on page 31):

   *Je venais d'arriver quand ...* I had just arrived when ...

4  after *si* when the main verb is in the conditional:

   *Si j'avais le temps, j'irais la voir.* If I had time, I would go to see her.

5  as a suggestion that starts with *si*:

   *Si on allait au cinéma?* How about going to the cinema?

**1** Write a–j in French.

a I had become _____

b the girls had arrived _____

c she had sent _____

d he had learnt _____

e there had been _____

f we had wanted _____

g we had fallen _____

h I had been able to _____

i the train had left _____

j he had done _____

**2** Complete these French translations of the English sentences.

a *Had they arrived earlier, they would have met their friends.*

_____, ils auraient rencontré leurs amis.

b *If she had gone to university, she would have had a better career.*

_____, elle aurait fait une meilleure carrière.

c *Had we bought tickets, we could have gone to see the match at the stadium.*

_____, on aurait pu aller voir le match au stade.

d *If he'd got up on time, he wouldn't have missed his train.*

_____, il n'aurait pas manqué son train.

**3** Complete the sentences with your own ideas, but use verbs in the pluperfect tense. Then, translate your sentences into English.

a Les enfants avaient _____ .

_____

b Elles étaient _____ .

_____

c Ma copine a dit qu'elle avait _____ .

_____

d Il a expliqué qu'il _____ .

_____

e Si tu _____ .

_____

### Grammaire

The pluperfect tense is used to say that something 'had happened'. Use the imperfect tense of *avoir* or *être* as appropriate and a past participle. If you use an *être* verb, remember that the past participle has to agree with the subject of the sentence: *elle était arrivée.*

Reminder: the imperfect tense of *avoir: avais, avais, avait, avions, aviez, avaient.*

The imperfect tense of *être: étais, étais, était, étions, étiez, étaient.*

Verbs that require *être: arriver, partir, entrer, sortir, aller, venir, monter, descendre, naître, mourir, revenir, retourner, rentrer, rester, tomber, devenir* and all reflexive verbs.

### Astuce

Note that to say something like: 'Had they done …' or 'If they had done …', you should use *si* + pluperfect: *S'ils avaient fait … .*

Also note that *si* becomes *s'* only if the next word starts with an *i-* and not for other vowels.

**1** Complete the list of irregular future tense verbs. Find the right future stem in the box, then give the *je* form of the future tense and the English meaning.

| infinitive | future stem | *je* future tense | English |
|---|---|---|---|
| aller | ir- | j'irai | I will *go* |
| avoir | | | |
| devoir | | | |
| envoyer | | | |
| être | | | |
| faire | | | |
| pouvoir | | | |
| savoir | | | |
| venir | | | |
| voir | | | |
| vouloir | | | |

> aur- enverr- fer- viendr- pourr- ir- devr- ser- saur- voudr- verr-

**Grammaire**

The future tense is used to say that something 'will happen'.

The endings, for all verbs, are: *-ai, -as, -a, -ons, -ez, -ont*.

If it helps you to remember these endings, note that they are the same as the endings of the present tense of *avoir*.

With regards to the stem of the verb, use the whole infinitive for *-er* and *-ir* verbs. For *-re* verbs, take off the final *-e* before adding an ending of the future: *répondre – je répondrai*.

There are a number of verbs that have an irregular future stem.

**2** Use the information you worked out in Exercise 1 to translate a–e into French.

a   I will become          _____

b   there will be          _____

c   she will come back     _____

d   he will do again       _____

e   we will send back      _____

**3** Rewrite this weather forecast using verbs in the future tense.

> Ce matin, il y a du brouillard dans le nord. Par contre, dans le sud, il fait beau mais le vent souffle. La pluie tombe dans la région parisienne et les nuages persistent aussi en Bretagne. La chaleur revient dans le centre mais la soirée est fraîche. Les températures sont en baisse en Normandie. La Corse, cependant, reste ensoleillée et les températures continuent de monter.

Demain, il _____

_____

_____

_____ .

**4** Tick the words and phrases that can accompany a verb in the future tense.

> demain ☐   aujourd'hui ☐   hier ☐   le mois dernier ☐   le mois prochain ☐
>
> cette année ☐   dans un mois ☐   ce matin ☐   demain soir ☐   à l'avenir ☐
>
> plus tard ☐   il y a deux ans ☐   quand ☐   bientôt ☐   récemment ☐

**1** Write a–e in French.

a I would be _____

b they would be able to _____

c he would have _____

d we would do _____

e there would be _____

**2** Match up the modal verbs in the conditional with their English meanings. Write the correct number in each box.

a je devrais ☐    **1** *I would like*

b je pourrais ☐    **2** *it should be necessary, we should*

c je voudrais ☐    **3** *I should, I ought to*

d il faudrait ☐    **4** *I could, I might*

e il vaudrait mieux ☐    **5** *it would be better*

**3** Use the French conditional forms from Exercise 2 in sentences of your choice.

a Je devrais _____ .

b Je pourrais _____ .

c Je voudrais _____ .

d Il faudrait _____ .

e Il vaudrait mieux _____ .

**4** Write answers in French in response to these situations. What would you do if …

a you failed your exams? _____

b you witnessed a crime? _____

c your house got burgled? _____

d your best friend had a car accident?

_____

e you were Prime Minister? _____

f you won the lottery? _____

g you passed your driving test? _____

h you were unemployed? _____

i you could not have the career of your choice?

_____

**1** Change these to their corresponding conditional perfect forms.
Take care: three of them take *être*.

**a** je suis _____

**b** il y a _____

**c** j'ai _____

**d** je vais _____

**e** elle se réveille

_____

**f** je dois _____

**g** nous pouvons

_____

**h** ils viennent

_____

**i** je fais _____

**j** il voit _____

**k** il faut _____

**l** il vaut mieux

_____

**2** Complete a–d using the verbs in brackets in the conditional perfect.
Then write each sentence in English.

**a** Tu _____ me le dire. (**pouvoir**)

_____

**b** Ils _____ y penser. (**devoir**)

_____

**c** S'ils avaient eu assez d'argent, ils _____ le tour du monde. (**faire**)

_____

**d** Si elle s'était couchée plus tôt, elle _____ à l'heure. (**se lever**)

_____

**3** What would you have done if you had found yourself in these situations? Give your answers in French, using the conditional perfect.

Example: Comme Jean a échoué à ses examens, il a décidé de faire un apprentissage. *Moi, j'aurais repassé mes examens.*

**a** Lucie est malade mais elle a décidé de ne pas prendre de médicaments.

Moi, _____ .

**b** Henri s'est disputé avec ses parents parce qu'ils ne voulaient pas qu'il sorte le soir. Maintenant, il n'habite plus chez ses parents.

Moi, _____ .

**c** L'entreprise pour laquelle Hélène travaille lui a demandé de passer une année en Espagne. Comme elle ne parle pas espagnol, elle a refusé cette offre.

Moi, _____ .

**d** Au supermarché, Romain a payé plus que ce qu'il aurait dû. Il n'a rien dit à la caissière et il est rentré chez lui.

Moi, _____ .

## Grammaire

The conditional perfect is used to say that something 'would have happened'.

To form it, use the conditional of *avoir* or *être*, as appropriate, and a past participle. The conditional of avoir is: *aurais, aurais, aurait, aurions, auriez, auraient.* The conditional of *être* is: *serais, serais, serait, serions, seriez, seraient.* With *être* verbs, the past participle must agree with the subject of the sentence.

Examples:

*Elle aurait gagné.*
She would have won.

*Elle serait partie.*
She would have left.

*Elle se serait dépêchée.*
She would have hurried.

Use the conditional perfect of:

- *devoir* to say that something should have happened.

  *J'aurais dû sortir.*
  I should have gone out.

- *pouvoir* to say that something could have happened.

  *Il aurait pu pleuvoir.*
  It could have rained.

Use the conditional perfect if a sentence has a clause beginning with *si* + pluperfect tense; the verb in the other clause uses the conditional perfect:

*S'il n'avait pas plu, ils seraient sortis.*
If it had not rained, they would have gone out.

**1** Complete the grid with the subjunctive forms of the three regular verbs shown.

|  | regarder | finir | répondre |
|---|---|---|---|
| que je | regarde |  |  |
| que tu |  |  |  |
| qu'il/elle/on |  |  |  |
| que nous |  |  |  |
| que vous |  |  |  |
| qu'ils/elles |  |  |  |

**2** Underline the verbs in the subjunctive and, on a separate sheet of paper, translate the sentences into English.

**a** Je veux que tu finisses tes devoirs.

**b** Je ne pense pas qu'ils arrivent à l'heure.

**c** Il faut que tu rentres avant minuit.

**d** Bien qu'il travaille dur, je ne crois pas qu'il réussisse à ses examens.

**e** J'aimerais qu'il vienne nous voir.

**3** From your knowledge of the present tense, work out the *je* form of the subjunctive of these irregular verbs.

**a** devoir – que je _____

**b** prendre – que je _____

**c** recevoir – que je _____

**d** écrire – que je _____

**e** venir – que je _____

**f** devenir – que je _____

**g** revenir – que je _____

**h** comprendre – que je _____

**i** prendre – que je _____

**j** apprendre – que je _____

**k** connaître – que je _____

**l** lire – que je _____

**4** Complete the grid with the subjunctive forms of these irregular verbs.

|  | aller | avoir | être | faire | pouvoir | savoir | vouloir |
|---|---|---|---|---|---|---|---|
| que je/j' | aille | aie | sois | fasse | puisse | sache | veuille |
| que tu | ailles |  |  |  |  |  |  |
| qu'il/elle/on | aille |  |  |  |  |  |  |
| que nous | allions |  |  |  |  |  |  |
| que vous | alliez |  |  |  |  |  |  |
| qu'ils/elles | aillent |  |  |  |  |  |  |

**5** Complete each sentence with the correct subjunctive form of the verb in brackets.

**a** Je ne crois pas qu'il _____ ses mails tous les jours. (**lire**)

**b** Je ne pense pas qu'elle _____ le temps. (**avoir**)

**c** Il faut que tu _____ des leçons. (**prendre**)

**d** Je voudrais qu'ils _____ vivre près de chez nous. (**venir**)

**e** J'aimerais que mon frère _____ architecte. (**devenir**)

## Grammaire

The subjunctive is normally used in a subordinate clause introduced by *que/qu'*. However, it is not simply because a clause begins with *que/qu'* that a subjunctive is necessary. For example, it is not used in:

*Je pense que tu as raison.*

Use the subjunctive after:

*bien que, quoique, il faut que*

*il est nécessaire/essentiel/important que*

*vouloir que, aimer que, préférer que*

*je ne pense pas que, je ne crois pas que*

*je doute que, je ne suis pas sûr/certain que.*

To form the subjunctive, use the *ils/elles* form of the present tense without *-ent*. Add these endings: *-e, -es, -e, -ions, -iez, -ent.*

**1** Translate a–e into English.

    **a** Je ne pense pas qu'il ait révisé suffisamment.

    _____

    **b** Je ne suis pas sûr qu'elle soit sortie.

    _____

    **c** Bien que vous ayez pris cinq billets de loterie cette semaine, vous n'avez pas gagné.

    _____

    **d** Je doute qu'ils soient allés au cinéma sans leurs copains.

    _____

    **e** Je ne crois pas qu'elle ait reçu mon mail.

    _____

## Grammaire

In sentences where a subjunctive is needed, if it is something that happened before the verb of the main clause, it has to be the perfect subjunctive. This is formed from the subjunctive of _avoir_ or _être_, as appropriate, and a past participle (which must agree, in the case of _être_ verbs).

_Je ne crois pas qu'il ait acheté le journal._ I don't think he bought the paper.

_Je ne pense pas qu'ils soient sortis hier soir._ I don't think they went out last night.

The subjunctive of _avoir_ is: _aie, aies, ait, ayons, ayez, aient._

The subjunctive of _être_ is: _sois, sois, soit, soyons, soyez, soient._

**2** Change these present subjunctive forms into their perfect subjunctive equivalents.

    Example: qu'elle arrive – _qu'elle soit arrivée_

    **a** qu'elles voient _____    **f** que tu veuilles _____

    **b** qu'il y ait _____    **g** que nous nous couchions _____

    **c** que vous fassiez _____    **h** qu'il comprenne _____

    **d** qu'ils soient _____    **i** que vous reveniez _____

    **e** que je puisse _____    **j** qu'elle connaisse _____

**3** Complete these sentences by adding the present subjunctive of _avoir_ or _être_ as appropriate.

    **a** Je ne crois pas que ma sœur _____ allée à la piscine aujourd'hui.

    **b** Je ne suis pas certain que mes parents _____ réservé nos chambres.

    **c** Je doute que ma copine _____ résolu tous ses problèmes.

    **d** Je ne pense pas que mes copains _____ restés chez eux samedi soir.

    **e** Ils veulent que nous _____ fini ce projet avant la fin du mois.

**4** Use verbs in the perfect subjunctive and complete a–f in a meaningful way. Then, translate your sentences into English, on a separate sheet of paper.

    **a** Bien qu'elle _____ .

    **b** Je n'aurais pas pensé qu'il _____ .

    **c** J'aurais aimé qu'elle _____ .

    **d** Je n'aurais pas cru que _____ .

    **e** Il aurait fallu que vous _____ .

    **f** Il aurait mieux valu que _____ .

**1** Regular verbs. Complete the following sentences to help you revise the rules.

**For the stem of verbs ...**

**a** in the imperfect tense, use the *nous* form of the present tense without the -*ons*.

**b** in the subjunctive, use _____ .

**c** in the future tense, use _____ .

**d** in the conditional, use _____ .

**The endings of the ...**

**e** present tense of -*er* verbs are: *e, es, e, ons, ez, ent*

**f** present tense of -*ir* verbs are: _____

**g** present tense of -*re* verbs are: _____

**h** imperfect tense are: _____

**i** subjunctive are: _____

**j** future tense are: _____

**k** conditional are: _____

**There are no irregular endings in the following tenses:**

**l** _____  _____  _____

**To form ...**

**m** the perfect tense, use the present tense of *avoir* or *être* and a past participle.

**n** the pluperfect tense, use _____ .

**o** the conditional perfect, use _____ .

**2** Irregular verbs. Complete the grid by writing the *je* forms of the verbs under each heading.

| infinitive | present | perfect | imperfect | pluperfect | future | conditional | conditional perfect | subjunctive |
|---|---|---|---|---|---|---|---|---|
| avoir | j'ai | j'ai eu | j'avais | j'avais eu | j'aurai | j'aurais | j'aurais eu | j'aie |
| être | | | | | | | | |
| aller | | | | | | | | |
| venir | | | | | | | | |
| pouvoir | | | | | | | | |
| devoir | | | | | | | | |
| savoir | | | | | | | | |
| vouloir | | | | | | | | |
| faire | | | | | | | | |
| prendre | | | | | | | | |
| écrire | | | | | | | | |
| dire | | | | | | | | |
| recevoir | | | | | | | | |
| voir | | | | | | | | |
| connaître | | | | | | | | |
| boire | | | | | | | | |
| mettre | | | | | | | | |
| envoyer | | | | | | | | |
| lire | | | | | | | | |

**1** Fill in the gaps with the missing verbs by choosing infinitives from the box and putting them into the correct form.

a  Il faut qu'on _____ les courses.

b  Quand j'_____ douze ans, j'_____ faire du sport.

c  Si je _____ à la loterie, j'_____ une grande maison.

d  Bien qu'il _____ que c'est mauvais pour la santé, il _____.

e  Quand je _____ plus âgée, je _____ avec la personne de mes rêves.

| | | | | | | | | | | | |
|---|---|---|---|---|---|---|---|---|---|---|---|
| être | écrire | aimer | acheter | faire | fumer | avoir | arriver | se marier | gagner | savoir | venir |

**2** Translate a–e into French.

a  He would like her to have a new car. _____

b  We will see what we can do. _____

c  I have bought all we need. _____

d  He used to have a lot of old furniture. _____

e  If the weather was nice, we could go to the beach. _____

**3** Write these verb forms into the table under the correct headings.

| | | | | |
|---|---|---|---|---|
| mangerions | permis | conduis | admette | verrons | aille | veux | vendu |
| perds | pourrons | sois | deviendraient | surpris | croira | essaierait |

| present | future | past participle | conditional | subjunctive |
|---|---|---|---|---|
| | | | | |
| | | | | |
| | | | | |

**4** Write French sentences that explain …

a  what you will do if it rains tomorrow.

_____

b  what you used to do at primary school.

_____

c  what you did last weekend.

_____

d  what job you would like to do in the future.

_____

e  what you like doing with your free time.

_____

# Topic 1: The passive – present and past tenses

**1** Change these active sentences into the passive in English, then translate them into French. Use the passive voice whenever possible.

Example: They sold their car last week **becomes** *'Their car was sold last week.'*
*Leur voiture a été vendue la semaine dernière.*

   **a** We have detected one hundred new cases this year **becomes**

   _____

   _____

   **b** He hypnotised the audience **becomes** _____

   _____

   **c** We had polluted the environment **becomes** _____

   _____

   **d** They have asked us to recycle as much as possible **becomes**

   _____

   _____

   **e** He told us to stay at home **becomes** _____

   _____

**2** Reorder the words to make correct sentences.

   **a** agressée   deux   elle   par   a   été   hommes

   _____

   **b** par   ils   les   ont   construits   été   Romains

   _____

   **c** nous   Normands   été   les   avons   par   envahis

   _____

   **d** a   l'agence   l'appartement   été   par   vendu

   _____

   **e** a   reconnu   il   par   n'   pas   anciens   été   ses   amis

   _____

**3** On a separate sheet of paper, translate a–e into French: 1 using the passive voice if appropriate; 2 using *on* instead.

Example: His application was refused. *1 Sa demande a été refusée.*
*2 On a refusé sa demande.*

   **a** This letter was sent yesterday.      **d** He was given money.

   **b** This book is badly written.          **e** The car had been repaired.

   **c** The bins have been emptied.

**4** On a separate sheet of paper, write five French sentences using the passive voice. Include some of the verbs in the box, in the present or past tense.

| détruire   refuser   vandaliser   faire   écrire   recevoir   accepter   entendre |

## Grammaire

### The passive voice

The passive voice is used when the subject does not carry out the action of the verb, e.g. 'the car was sold'.

In French, you have the option of using the passive (*la voiture a été vendue*) or avoiding it and using *on* (*on a vendu la voiture*). The passive is simply *être* in the appropriate tense and a past participle which must agree with the subject.

The passive can be used in different tenses:

1 the car is sold (present) – *la voiture est vendue*

2 the car was sold (perfect) – *la voiture a été vendue*

3 the car had been sold (pluperfect) – *la voiture avait été vendue.*

Compare the examples above with the same points made using *on* instead of the passive:

1 *on vend la voiture*

2 *on a vendu la voiture*

3 *on avait vendu la voiture.*

Note that, with certain verbs followed by *à*, you always have to use *on* instead of the passive. This is the case for verbs like *dire, demander, donner, conseiller, prêter, emprunter* when linked with a person or people. So to put into French, 'I was advised to …', you'd say: *on m'a conseillé de … .*
To say, 'she was told to …', it's: *on lui a dit de … .*

## Astuce

When the action is done <u>by</u> something or someone, use *par*:
*La forêt a été détruite par le feu.*

**1** Complete the grid with the required forms of the modal verbs.

|  | present | imperfect | perfect | pluperfect | future | conditional | subjunctive |
|---|---|---|---|---|---|---|---|
| **pouvoir** | *je* peux | *vous* pouviez | *nous* | *tu* | *il* | *on* | *elle* |
| **devoir** | *elles* | *tu* | *vous* | *on* | *nous* | *je* | *il* |
| **savoir** | *tu* | *je* | *ils* | *vous* | *on* | *nous* | *elles* |
| **vouloir** | *elles* | *on* | *il* | *nous* | *je* | *vous* | *tu* |

**2** These sentences express obligation using various tenses of *il faut que* + subjunctive. Rewrite them using appropriate tenses of *devoir* + infinitive instead. Clue: think about the meaning of each one. Take care with placing pronouns (*le, l', en*).

> **Astuce**
> Reminder: modal verbs are often followed by a verb in the infinitive.

Examples: Il faudra que j'y aille. *Je devrai y aller.*
Il faut que tu le fasses. *Tu dois le faire.*

a Il fallait qu'elle le fasse. _____

b Il faudrait qu'ils viennent. _____

c Il a fallu que tu le saches. _____

d Il faut que vous me l'envoyiez. _____

e Il ne faut pas qu'ils s'en rendent compte. _____

**3** Translate a–e into French.

> **Astuce**
> Reminder: the conditional of *devoir* and *pouvoir* + infinitive are used to translate 'should' and 'could' do something:
>
> *Tu **devrais** faire attention!* You should watch out!
>
> To translate 'should have done' and 'could have done', use the conditional perfect of *devoir* and *pouvoir* + infinitive.
>
> *J'aurais dû y aller.* I should have gone.
>
> *J'aurais pu me faire mal.* I could have hurt myself.

a We should use public transport more often.

_____

b You could phone her. (Use *tu*.)

_____

c They should have stopped smoking.

_____

d He shouldn't have done it.

_____

e You could have had an accident. (Use *vous*.)

_____

**4** Fill in the gaps using the correct forms of the verbs given in brackets, then, on a separate sheet of paper, translate the sentences into English.

a S'il le _____, il le ferait. (**pouvoir**)

b Il faudrait qu'il _____ ce qu'il veut. (**savoir**)

c Je ne crois pas qu'ils _____ venir nous voir. (**vouloir**)

d Bien que nous ne _____ pas aller au stade, nous pouvons regarder le match à la télé. (**pouvoir**)

e Personne ne _____ qui avait commis le crime. (**savoir**)

## Topic 1: When to use the subjunctive

**1** Make a list of 10 French 'adjectives of emotion'. Clue: five are in the *Grammaire* box on the right. Write them in the masculine singular form.

a _____  f _____

b _____  g _____

c _____  h _____

d _____  i _____

e _____  j _____

**2** Use the 10 adjectives you listed in Exercise 1 in French sentences. Aim for eight sentences with a subjunctive and two with an infinitive.

Examples: *Je suis étonné qu'il veuille arrêter de travailler.*
*J'ai été surprise de le voir.*

_____

_____

_____

_____

_____

_____

_____

_____

_____

_____

**3** Make a list of another five similar impersonal verb phrases.

a _____

b _____

c _____

d _____

e _____

**4** On a separate sheet of paper, use the five impersonal verb phrases you have worked out in Exercise 3 in 10 French sentences: five that require the use of the subjunctive and five that require the use of an infinitive.

### Grammaire

Reminder: the subjunctive is required after expressions of doubt, preference, necessity, wanting someone to do something, and after conjunctions such as *bien que, quoique.*

The subjunctive is also required in other circumstances. Read these three examples:

1 *Je suis content qu'ils aillent au cinéma.*

2 *Elle serait heureuse qu'il vienne la voir.*

3 *Ils ont été déçus qu'il échoue à son examen.*

Note that the first clauses express an emotion, using verbs in various tenses.

Now study these examples:

4 *Je suis content d'aller au cinéma.*

5 *Elle était ravie de pouvoir sortir avec ses amies.*

6 *Il a été surpris de la rencontrer en ville.*

In examples 1–3, the subject of the first clause is different from the subject of the second clause: 1 *je – ils*, 2 *elle – il*, 3 *ils – il*. In such cases, the subjunctive is required.

In examples 4–6, the subject is the same in both clauses: 4 *je*, 5 *elle*, 6 *il*. In such cases, the adjective is followed by *de* and an infinitive, not a subjunctive.

A similar rationale to the ones given above applies to impersonal verb phrases where *il* means 'it'.

Read these examples:

*Il est important qu'elle ait un portable qui marche bien.*

*Il est étonnant qu'il puisse courir si vite.*

Now compare them with these examples:

*Il est impératif d'y aller.*

*Il est essentiel de travailler dur.*

# Topic 1: More about the conditional and conditional perfect ■

**1** Rewrite a–e to use the pluperfect tense and the conditional perfect.

**a** S'il mettait un pull, il n'attraperait pas froid.

_____

**b** Si elle se levait plus tôt, elle arriverait au travail à l'heure.

_____

**c** Si nous avions le temps, nous ferions les courses.

_____

**d** S'ils faisaient du sport, ils seraient en meilleure santé.

_____

**e** Si elle vendait sa voiture, je crois que je l'achèterais.

_____

**2** Complete the sentences on your own. Take care with tenses as some require the conditional and others the conditional perfect.

**a** S'il avait réussi à ses examens, _____

_____ .

**b** S'il pleuvait, _____

_____ .

**c** S'ils avaient emprunté de l'argent, _____

_____ .

**d** Si tu étais sympa, _____

_____ .

**e** Si vous y étiez allés ce matin, _____

_____ .

**3** Sentences a–e include a conditional and an adverb. Rewrite them using the conditional perfect and putting the adverb in the right place.

Example: Il voudrait vraiment la rencontrer. _Il aurait vraiment voulu la rencontrer._

**a** Nous pourrions sans doute la vendre.

_____

**b** Il vaudrait mieux qu'elle y aille.

_____

**c** Il le donnerait peut-être à son frère.

_____

**d** Il aimerait bien y jouer.

_____

**e** Elle s'y intéresserait sûrement.

_____

## Grammaire

Reminder: the conditional is used to say what 'would happen'. It uses the verb stem in the future tense and the endings of the imperfect tense. There are no exceptions to this rule.

The conditional perfect is used to say what 'would have happened'. It uses the conditional of _avoir_ or _être_ and a past participle. Remember that if _être_ is used, the past participle has to agree with the subject, adding -e, -s or -es as appropriate.

Past participles of verbs that take _avoir_ also change in cases where the direct object of the sentence precedes the verb:

_Ils les auraient rencontrés s'ils avaient eu le temps._

The conditional present and perfect are sometimes used in sentences that include the word _si_. Notice the tenses in these two examples:

_Si tu gagnais_ (imperfect) _plus d'argent, tu pourrais_ (conditional) _acheter une voiture._

_Si tu avais vu_ (pluperfect) _ce film, tu l'aurais adoré_ (conditional perfect).

In sentences that include adverbs such as _bien, vraiment, beaucoup, certainement, peut-être, mieux, trop, sans doute_, the position of the adverb changes when a compound tense is used.

Study these examples:

1 _Je m'amuse bien. Je me suis bien amusé._

2 _Il aimerait vraiment la voir. Il aurait vraiment aimé la voir._

3 _Il l'aime beaucoup. Il l'a beaucoup aimée._

Work out a rule for the position of adverbs and explain it to another student.

# Topic 1: Verbs followed by an infinitive

**1** Use the verbs in brackets to write French sentences similar in meaning to a–e. Take care with prepositions.

Example: Il n'a pas voulu y aller. (**refuser**) *Il a refusé d'y aller.*

**a** Elle prend des leçons de conduite. (**apprendre**)

_____

**b** Il ne s'est pas rappelé de lui téléphoner. (**oublier**)

_____

**c** Elle a pu trouver la solution. (**arriver**)

_____

**d** A leur âge, ils peuvent voter. (**avoir le droit**)

_____

**e** Il ne fume plus. (**arrêter**)

_____

**2** Reorder the words so that each sentence makes sense. Clue: begin with a subject pronoun, then its matching verb; link up infinitives with the prepositions that must follow them.

**a** essayé   du   elle   l'   faire   a   encourager   de   à   sport

_____

**b** a   continuer   des   choisi   de   faire   il   à   études

_____

**c** oublier   elle   d'   faire   a   de   peur   le

_____

**d** de   de   d'   a   il   arrêter   envie   boire   l'alcool

_____

**e** décidé   poids   elles   essayer   du   ont   d'   perdre   de

_____

**3** Translate a–e into French.

**a** She has her flat cleaned every week.

_____

**b** They had a house built. _____

**c** We will have this tree cut down. _____

**d** I've had a patio done. (Use: *une terrasse.*)

_____

**e** If we'd had enough money, we would have had it done.

_____

## Grammaire

While some verbs such as modal verbs (*pouvoir, devoir, savoir, vouloir*) can be followed immediately by a verb in the infinitive, e.g. *Je sais nager*, others are followed by a preposition (*à* or *de*) and then an infinitive: *décider – J'ai décidé de faire mes devoirs.*

Sentences can include more than one verb followed by a preposition, the first in the appropriate tense and others as infinitives:

*J'ai commencé à apprendre à conduire.*

*Faire* + infinitive indicates that the subject causes the action to be done by someone or something else:

*Il fait réparer sa voiture.*
He is getting his car repaired.

Note that *faire* can be used in different tenses:

*J'ai fait changer mes pneus.*
I had my tyres changed.

Note also that *faire* can itself be followed by *faire*:

*J'ai fait faire ce travail.*
I had this job done.

When *faire* is used twice (to have something done/made), the first is conjugated and the second is in the infinitive.

**1a** Write the English translation for these interrogative pronouns.

a  qui _____     h  qu'est-ce que _____

b  que _____     i  qui est-ce que _____

c  où _____      j  quoi _____

d  quand _____   k  quel _____

e  comment _____ l  lequel _____

f  combien _____ m  dans quelle mesure _____

g  pourquoi _____ n  combien de temps _____

**1b** Four interrogative pronouns in Exercise 1a mean 'what' in English, but they are used in different ways in French. On a separate sheet of paper, explain how each of them should be used.

Example: *que* is usually followed by a verb and the subject of the sentence, e.g. *Que fais-tu?* If a compound tense is used, the word order is *que* + auxiliary + subject + verb, e.g. *Qu'as-tu fait?*

a  que    b  qu'est-ce que    c  quoi    d  quel

**2** On a separate sheet of paper, translate these questions into French. Work out three different ways of asking the same questions.

a  How long is the problem going to last?

b  When will we find a solution?

c  What ideas do you have concerning the protection of the environment?

d  Where do you go to recycle your bottles?

**3** Fill in the gaps using the correct interrogative pronouns, so that each question and answer match up.

Example: *Desquelles* parlez-vous? De celles qu'on a vues ensemble à l'hypermarché.

a  _____ êtes-vous le plus content? De celui qui est le moins cher.

b  _____ vous référez-vous? Je me réfère aux questions que vous nous avez posées hier.

c  _____ avez-vous entendu parler? De ceux qui font beaucoup de publicité, évidemment.

d  _____ pensez-vous? A celui dont on a discuté pendant le dernier cours.

e  _____ vous intéressez-vous? A celles qui sont en vitrine – les noires.

**4** On a separate sheet of paper, write five different questions in French.

a  One about pollution in your area.

b  One about reducing levels of pollution.

c  One about global warming.

d  One about over-use of energy.

e  One about the greenhouse effect.

Notre Environnement

**Grammaire**

Interrogative pronouns are used to ask questions.

Although *est-ce que* does not affect the meaning of the question asked, it is often incorporated. Study these three different ways of asking the same question:

*Vous faites quel métier?*

*Quel métier faites-vous?*

*Quel métier est-ce que vous faites?*

*Lequel/laquelle/lesquels/lesquelles* (meaning 'which one/ones') combine with *à* or *de* when the verb structure requires either of these prepositions. This grid shows how the words are linked.

|            | linked to à | linked to de |
|------------|-------------|--------------|
| lequel     | auquel      | duquel       |
| laquelle   | à laquelle  | de laquelle  |
| lesquels   | auxquels    | desquels     |
| lesquelles | auxquelles  | desquelles   |

# ■ Topic 1: More about when to use the subjunctive

**1** Think about the meaning of these expressions and write them under the correct headings of the table.

| j'ai peur que | je regrette que | je crains que | il est dommage que |
| j'ai honte que | il se peut que | il se pourrait que | il est possible que |

| fear | regret | possibility |
| --- | --- | --- |
|  |  |  |
|  |  |  |
|  |  |  |

**2** Use the eight phrases in Exercise 1 in French sentences of your choice that include a subjunctive.

Example: *Il se peut qu'il neige.*

_____

_____

_____

_____

_____

_____

_____

_____

**3** Complete these sentences with appropriate conjunctions.

a  Je vais nettoyer la maison _____ il arrive.

b  Il a expliqué le problème _____ tout le monde puisse le comprendre.

c  Il l'a fait _____ on lui demande.

d  Je lui enverrai un mail _____ il sache ce qui se passe.

e  Je ferai la vaisselle _____ on ait fini le repas.

**4** Write five French sentences of your choice, using the subjunctive and one of the 'superlative words' listed in the *Grammaire* box.

Example: *C'est la seule chose qui puisse l'intéresser.*

_____

_____

_____

_____

## Grammaire

Reminder: the subjunctive is required after expressions of doubt, preference, necessity, wanting someone to do something, conjunctions such as *bien que* and *quoique*, expressions that involve emotions and impersonal verb phrases.

The subjunctive is also needed after expressions of fear, regret and possibility.

As well as *bien que* and *quoique*, there are other conjunctions that require a subjunctive in the clause they introduce. (Remember to shorten *que* to *qu'* before a vowel or silent *h*.) They are:

*avant que*   before

*après que*   after

*afin que*   so that

*pour que*   so that

*de façon que*   in such a way that

*sans que*   without

The subjunctive is also used after words with a sense of the superlative followed by *qui* or *que*. These include *le seul, l'unique, le premier, le dernier, le meilleur, le pire*.

*C'est la meilleure équipe que je connaisse.*

Note that these words can change in gender and number: *la seule, les dernières*.

**1** Translate a–e into French. Take care with your choice of verbs.

    **a** I'm going to be eighteen this year.

    _____

    **b** It is going to be windy tomorrow.

    _____

    **c** There are going to be problems.

    _____

    **d** You're going to be cold. (Use _tu_.)

    _____

    **e** They are going to have to recycle more.

    _____

**2** Turn the sentences that you have written in Exercise 1 into sentences that include the future tense.

    **a** _____

    **b** _____

    **c** _____

    **d** _____

    **e** _____

**3a** Tick the six words or phrases that could be linked to a verb in the future tense.

| | | |
|---|---|---|
| demain ☐ | le mois dernier ☐ | cet après-midi ☐ |
| la semaine prochaine ☐ | avant-hier ☐ | hier ☐   ce soir ☐ |
| après-demain ☐ | l'année dernière ☐ | samedi prochain ☐ |

**3b** Use the six words and phrases you identified in Exercise 3a in French sentences of your choice.

_____

_____

_____

_____

_____

**4** On a separate sheet of paper, make up six French sentences using the future time phrases listed in the *Grammaire* box. Each sentence should contain two clauses, both with verbs in the future tense.

## Grammaire

The immediate future is used to say that something 'is going to happen'. In French, use the present tense of *aller* and a verb in the infinitive.

The future tense is used to say that something 'will happen'. The verb endings are: *-ai, -as, -a, -ons, -ez, -ont*. There are no exceptions to this pattern.

Some verbs have an irregular stem, including these: *voir – verr-, avoir – aur-, être – ser-*.

With regard to the stem of regular verbs, use the infinitive for *-er* and *-ir* verbs, and the infinitive without its final *-e* for *-re* verbs.

In French, the future (or the immediate future) is sometimes used when the present tense is used in English:

*Quand ils arriveront, nous nous mettrons à table.* When they arrive, we will sit down to eat.

While in English, the sentence structure is: 'when X happens, Y will happen', its French equivalent is: 'when X will happen, Y will happen'.

The same applies to other phrases that place the sentence in a future context:

*lorsque* (when), *le moment où* (the moment when), *dès que* (as soon as), *aussitôt que* (as soon as), *le jour où* (the day when), *l'instant où* (the moment when)

## Topic 1: More about negatives

**1** Change a–e into negative sentences, using the French for the negative phrases given in brackets.

    **a** Ils sont allés en vacances en Bretagne cette année. (*not*)

    _____

    **b** On a fait quelque chose d'intéressant ce week-end. (*nothing*)

    _____

    **c** J'ai rencontré quelqu'un. (*no one*) _____

    **d** Alain a toujours aimé jouer au foot. (*never*)

    _____

    **e** Elise a toujours fait quelque chose de son temps libre. (*never anything*)

    _____

**2** Translate a–e into French.

    **a** She chose not to continue her studies.

    _____

    **b** It is a pity not to do anything. _____

    **c** He decided not to eat meat any more.

    _____

    **d** She told him never to come back.

    _____

    **e** It is important not to disturb anyone. (Use: *déranger.*)

    _____

**3** Rephrase these questions.

    **a** Ne joues-tu plus de la trompette?

    _____

    **b** Quel sport est-ce qu'il n'a jamais pratiqué?

    _____

    **c** Pourquoi n'ont-ils plus jamais téléphoné?

    _____

    **d** Est-ce qu'il n'a rencontré personne en ville?

    _____

    **e** N'y a-t-il rien d'intéressant à voir ici?

    _____

**4** On a separate sheet of paper, write French sentences of your choice that state the following.

    **a** What you would never do.

    **b** What you didn't do this weekend (but should have done).

    **c** What you used to do but no longer do.

    **d** What you don't like doing.

---

### Astuce

Be aware that English words like 'something', 'someone', 'always' turn into 'nothing', 'no one', 'never' in a French negative sentence.

### Grammaire

#### Negative phrases

Negative phrases are placed around the verb, unless that verb is a compound tense, in which case they are placed around the auxiliary (except for *ne personne* and *ne aucun*, which go around the whole verb).

Where a sentence contains two consecutive verbs, the negative goes around the first verb. With compound tenses, the above rule applies.

*Elle ne veut pas le voir.*

*Au début, elle n'a pas voulu le voir.*

*Elle n'avait voulu voir personne.*

To make an infinitive negative, the negative expression comes before the infinitive:

*Il a décidé de ne rien faire.*

Note however, that *ne personne* goes round the verb in the infinitive:

*Il a décidé de ne voir personne.*

#### Negative phrases in questions

Study these examples:

1 *Vous n'avez pas vu ce film?*, means the same as: *N'avez-vous pas vu ce film?*

2 *Vous n'allez jamais à l'étranger?*, means the same as: *N'allez-vous jamais à l'étranger?*

3 *Qu'est-ce qu'il n'aime pas faire?*, means the same as: *Que n'aime-t-il pas faire?* (Note the insertion of the *-t-*. This only applies where *il*, *elle* or *on* are involved.)

Explain to another student what happens to the position of negative phrases when used in questions.

**1** Complete these French translations of the English sentences.

**a** *We had just got back home when she rang.*

_____ quand elle a téléphoné.

**b** *He had just bought a car but it was not insured.*

_____ mais elle n'était pas assurée.

**c** *She had just finished her homework when her mother called her.*

_____ quand sa mère l'a appelée.

**d** *I had just sat down when someone knocked at the door.*

_____ quand quelqu'un a frappé à la porte.

**e** *We had just had the car repaired when we had an accident.*

_____ quand nous avons eu un accident.

**2** Translate a–g into English.

**a** Il venait nous voir régulièrement. _____

**b** Ils venaient d'un pays lointain. _____

**c** Elle venait souvent me rendre visite. _____

**d** Il venait de réussir à son examen. _____

**e** Elle venait de finir son repas. _____

**f** Il venait d'avoir vingt ans. _____

**g** On venait de m'envoyer un mail. _____

**3** Translate a–e into English.

**a** Il jouait au foot depuis cinq ans quand il s'est cassé la jambe.

_____

**b** Elle fumait depuis longtemps quand elle a eu le cancer du poumon.

_____

**c** On regardait la télé depuis cinq minutes quand il y a eu une panne d'électricité.

_____

**d** Il s'intéressait au sport depuis toujours.

_____

**e** Il faisait ses devoirs depuis midi quand son frère l'a dérangé.

_____

**4** Complete these sentences in a meaningful way. Use a verb in the imperfect and a period of time or a date for each one.

**a** _____ depuis _____ quand elle a décidé d'abandonner ses études.

**b** _____ depuis _____ quand il a commencé à pleuvoir.

**c** _____ depuis _____ quand il a pris la décision de ne plus le faire.

**d** _____ quand il a choisi de faire un autre métier.

**e** _____ quand il a finalement accepté qu'il ne serait jamais champion!

## Grammaire

The present tense of *venir de* + infinitive refers to something that has just happened. In the imperfect tense, it refers to something that had just happened.

It is often (but not always) followed by *quand* and another verb in the perfect tense:

*Je venais de mettre la table quand elle est arrivée.*

Take care not to confuse this structure, *venir de* + infinitive, with other uses of *venir*.

*Elle venait d'Espagne.*
She came from Spain.

*Elle venait me voir.*
She came to see me.

*Elle venait de voir un film.*
She had just seen a film.

Study this structure: imperfect tense + *depuis* + a period of time or a date.

It is used to say that something 'had been happening' for a period of time or since a particular date. It is often followed by *quand* and a verb in the perfect tense:

*Je travaillais dans ce café depuis deux ans quand on m'a renvoyé.*
I had been working in this café for two years when I was sacked.

**1** Translate these phrases into English, then use them in French sentences of your choice, on a separate sheet of paper.

a nous aurions pu _____

b on nous a dit _____

c on vous demande de ne pas _____

d on leur a donné _____

e j'ai fait faire _____

f je vais aller _____

**2** Report an imaginary conversation with a French friend about her last holiday.
Write your questions and her replies. Use the interrogative pronouns given.

a Est-ce que _____?

Oui, je _____ .

b Qu'est-ce que _____?

_____

c Où _____?

_____

d Combien de temps _____?

_____

e Pourquoi _____?

_____

f Quel _____?

_____

g Comment _____?

_____

**3a** Find the synonyms. Write the correct number in each box.

a il est possible ☐     1 l'unique

b il a fallu ☐     2 j'aimerais

c je regrette ☐     3 je suis désolé

d je pense ☐     4 afin que

e content ☐     5 il se peut

f je voudrais ☐     6 j'ai peur

g bien que ☐     7 je crois

h pour que ☐     8 cela a été nécessaire

i je crains ☐     9 ravi

j le seul ☐     10 quoique

**3b** On a separate sheet of paper, write French sentences that include 10 of the phrases given in Exercise 3a (you can choose from both columns).

**4** Fill in the gaps using the verbs given in brackets. Take care with the verb forms.

a Si on le lui avait demandé, il l'_____ . (**faire**)

b S'il mangeait mieux, il _____ en meilleure santé. (**être**)

c Il faut que je _____ un taxi. (**prendre**)

d Elle _____ ses résultats depuis une semaine quand ils sont arrivés par la poste. (**attendre**)

e Ils lui permettront de sortir le soir quand il _____ seize ans. (**avoir**)

**5** Translate a–e into French.

a She encouraged him to play football. _____

b He tried not to be afraid. _____

c She refuses to learn to drive. _____

d They could have employed him. _____

e I want you to stop arguing with your sister. _____

**6** Complete these sentences in your own words.

a Je ne crois pas que tu _____ .

b Elle n'est pas sûre que je _____ .

c Nous aurions voulu que vous _____ .

d Vous devriez _____ .

e Ils n'auraient pas dû _____ .

**7** Make the first clause of each of these sentences negative. Take care as this has an impact on the verbs in the second clause.

a Je pense qu'il est sympa. _____

b Je crois qu'elle a raison. _____

c Je suis sûr qu'il fait son lit tous les jours. _____

d Je suis certain qu'elle veut réussir à ses examens.

_____

**8** Rewrite these sentences replacing the passive with phrases using *on*.

a Cette solution a été envisagée. _____

b Sans son intervention, le problème n'aurait pas été résolu.

_____

c Sa maison n'a pas été vendue. _____

d Leur aide n'est pas assez appréciée. _____

**1** Traduisez le texte en français.

Global warming is not a new phenomenon. Over the centuries, there have been periods during which the earth cooled down, and other periods during which it got warmer. It is clear that, in the last twenty years, the world has experienced climate change. Although many people are convinced that the present warming of our planet is something permanent and irreversible, the evidence seems to point to the contrary. Meteorologists tend to agree now that the present period of warming is over and that, as far as world temperatures are concerned, we should expect a period of stability.

_____

_____

_____

_____

_____

_____

**2** Traduisez le texte en français.

Immigration has become a problem that concerns many people since the member countries of the EU collectively decided that their citizens should be free to travel through or settle in any EU country of their choice. Some wanted to escape poverty and chose to emigrate in search of work. Those who failed to find work either went back home or content themselves with life in another country whilst being unemployed. Local people are not happy that jobs were given to foreigners. The EU decision to give its citizens the right to work anywhere in Europe seems to have created problems that weren't envisaged.

_____

_____

_____

_____

_____

_____

**3** Traduisez le texte en français.

For countries interested in developing renewable forms of energy, there are real possibilities nowadays such as hydroelectricity, solar energy and wind-powered energy. Although the French government seems to want to continue developing its nuclear energy programme, there are other European countries that prefer to have an energy policy more aware of its impact on the environment. It is obvious that living near a nuclear plant is dangerous. Moreover, there is the problem of nuclear waste. What can we do with it? It is time that Europe agrees on an energy policy which puts the protection of the environment first.

_____

_____

_____

_____

_____

_____

**4** Traduisez le texte en français.

Although homosexuality has always existed, society has started to accept it better recently. There are, however, aspects of life where discrimination continues to exist. For instance, anyone in France, whether they are gay or heterosexual, can live in a civil partnership which is recognised in law. However, in some countries, if the partners are gay, the law does not yet allow them to get married if that is what they want. Why not? In what sense is a civil partnership different from a marriage? If we do not want to be seen as an intolerant society, we are going to have to find answers to such questions.

_____

_____

_____

_____

_____

_____

**5** Traduisez le texte en français.

Although the number of cars on our roads has risen steadily over the last fifty years, progress has been made in terms of toxic gas emissions. All vehicles continue to contribute to air pollution, but it could be worse! Industrial pollution, on the other hand, remains a serious problem, and in some parts of the country, the quality of the air that people breathe is deteriorating. Industry is also sometimes responsible for polluting our rivers and fish die in their thousands. It is imperative that we resolve these problems now so that the next generations can enjoy a good quality of life.

_____

_____

_____

_____

_____

_____

_____

**6** Traduisez le texte en français.

Unfortunately, racism is alive and well. We regularly hear of incidents that show that some of us have racist tendencies. Recently, at a football match, some people were filmed behaving in a particularly racist way. There were spectators who whistled whenever certain players who belonged to the visiting team touched the ball. This was not an isolated incident, as more or less the same pictures have since been shown on TV in other European countries. There are certainly lessons to be learnt from such incidents. Let's hope that society is mature enough to realise it.

_____

_____

_____

_____

_____

_____

## Topic 2: Numbers

**1** Write out the following numbers in French.

a 71 _____

b 81 _____

c 91 _____

d 94 _____

e 205 _____

f 2013 _____

g 99 _____

h 500 000 _____

i 6 000 000 _____

**2** Change these statistics into fractions and percentages.

Example: un sur quatre – *un quart – vingt-cinq pour cent*

a un sur deux _____ _____

b un sur cinq _____ _____

c trois sur quatre _____ _____

d deux sur trois _____ _____

e un sur dix _____ _____

f cinq sur cent _____ _____

**3** Write sentences of your choice: two that include statistics, two that include fractions and two that include percentages.

Example: *Un adulte sur dix est au chômage.*

a _____

b _____

c _____

d _____

e _____

f _____

**4** On a separate sheet of paper, write two French sentences of your choice that include *plus de* and two that include *moins de*.

**5** Translate a–d into French, then, on a separate sheet of paper, use them in short sentences in a meaningful way.

a the last five years _____

b the first three months _____

c the last two weeks _____

d the first few days _____

**1** Translate a–f into French.

a I will have finished reading my book before the weekend.

_____

b They will have done the work before the end of the month.

_____

c She will have sold her car by Friday.

_____

d I am sure he will have forgotten his keys!

_____

e We will have left before nine o'clock.

_____

f They will have arrived by midday.

_____

**2** Translate a–d into English.

a Ils lui achèteront une voiture quand il aura réussi son examen du permis de conduire.

_____

b Elle respirera mieux aussitôt qu'elle aura arrêté de fumer.

_____

c On le paiera quand il aura signé le contrat.

_____

d On leur dira ce qui s'est passé quand ils se seront levés.

_____

**3** Rewrite a–e making the future perfect verb negative and replacing the direct object with a pronoun.

Example: Je pense qu'il aura vendu sa voiture avant dimanche.
_Je pense qu'il ne l'aura pas vendue avant dimanche._

a Je crois qu'il aura fait les courses ce matin.

_____

b J'espère qu'ils auront invité mes copines.

_____

c Je sais bien que tu auras attendu tes frères.

_____

d Je suppose qu'il aura activé sa carte de crédit.

_____

e Auras-tu fini tes révisions à temps?

_____

**4** On a separate sheet of paper, write five French sentences of your choice that include the future perfect.

## Grammaire

The future perfect is used to say that something 'will have happened' before another event or by a certain time in the future.

It is formed from the future tense of _avoir_ or _être_ (see pages 66–67) and a past participle: _j'aurai fini_ (I will have finished), _elle sera allée_ (she will have gone).

Reminder: with _être_ verbs (including reflexive verbs), the past participle must agree with the subject. With _avoir_ verbs, the past participle remains unchanged unless a direct object is placed before the verb: _je les aurai finis_ (I will have finished them).

The future perfect can also be used to express a supposition, a hope or an expectation:

_Ils se seront arrêtés pour prendre de l'essence, je suppose._ They will have stopped for petrol, I expect.

### The future perfect after 'when'

The future perfect is used after expressions such as _quand, dès que, aussitôt que, le moment où, lorsque_, when the verb in the main clause is in the future.

_Je la verrai dès qu'elle **sera arrivée**._ I will see her as soon as she <u>has arrived</u>.

Note that the future perfect is used to translate a past tense after a future clause, so in this case, _elle sera arrivée_ is expressed in English as 'she has arrived'.

### Negatives and object pronouns

The future perfect can be used in conjunction with negatives and object pronouns. As with other compound tenses (perfect, pluperfect, conditional perfect), the negative phrases go around the auxiliary (except _ne ... personne_ and _ne... aucun_ which go around the whole verb) and object pronouns are placed immediately before the auxiliary.

When a negative phrase and pronouns are used in the same sentence, the word order is:

subject + _ne_ + pronouns + auxiliary + _pas_ + past participle

_Ses devoirs? Il ne les aura pas faits, je suppose._

Note the agreement of the past participle: _faits_. This is because of the direct object pronoun (_les_) preceding the verb.

## Topic 2: Direct and indirect speech

### Grammaire

Direct speech, as in: *Il a dit: 'Je t'enverrai un mail'*, is usually introduced by a verb such as *dire, expliquer, constater, remarquer, répondre, conclure, déclarer, annoncer, affirmer, avouer, admettre, promettre*, followed by a colon and the actual words in inverted commas.

The same sentence in direct speech can be turned round: *'Je t'enverrai un mail', a-t-il dit*. Note that *il a dit* becomes *a-t-il dit* at the end of the sentence (the *-t-* is added for *il, elle* and *on*).

Changing from direct to indirect speech has implications for the verb tense. *Il a expliqué: 'Il n'y a rien à faire'*, becomes in indirect speech: *Il a expliqué qu'il n'y avait rien à faire*. See how the verb, *il y a*, changes to *il y avait*.

Use the grid in the next column to change verbs from direct to indirect speech and vice versa.

| direct speech | indirect speech |
|---|---|
| present tense | imperfect tense |
| future tense | conditional |
| perfect tense | pluperfect tense |

Subject pronouns can also be affected:

direct speech: *Elle a dit: 'Je téléphonerai ce soir.'*

indirect speech: *Elle a dit qu'elle téléphonerait ce soir.*

Subject pronouns are not the only pronouns that can be affected. Study this example:

direct speech: *Ils ont dit: 'Nous irons te voir dimanche.'*

indirect speech: *Ils ont dit qu'ils iraient le voir dimanche.* (Context will usually help you decide between *le* and *la*.)

Possessive adjectives can also be affected:

direct speech: *Il a dit: 'Je vais préparer ma valise.'*

indirect speech: *Il a dit qu'il allait préparer sa valise.*

Where the imperative is involved in direct speech, use *de/d'* followed by an infinitive (instead of *que/qu'*) when indirect speech is used.

*Il lui a dit: 'Fais attention!'* becomes *Il lui a dit de faire attention.*

*Elle leur a dit: 'Taisez-vous!'* becomes *Elle leur a dit de se taire.*

In the case of a negative imperative, place the words *ne rien*, etc. together before the infinitive and any pronouns:

*Il lui a dit de ne pas le faire.*

Exceptions: *ne ... personne* and *ne ... aucun* go round the verb.

---

**1** Change these sentences from direct to indirect speech.

**a** Ils ont déclaré: 'Nous passerons Noël à la maison cette année.'

_____

**b** Elle a avoué: 'J'ai fait une erreur.'

_____

**c** Elle a répondu: 'Je finis à cinq heures.'

_____

**d** Il a dit: 'Je vais rentrer tard ce soir.' _____

**e** Ils ont annoncé: 'Nous nous marierons en septembre.'

_____

> ### Astuce
> You may find it helpful to first translate the sentences into English, as the same verb tense changes occur there. He said: 'I am going to sort out my suitcase' becomes: He said that he was going to sort out his suitcase.

**2** Change a–e from direct to indirect speech. (There may be more than one correct answer.)

**a** Il a dit: 'Je te verrai samedi.' _____

**b** Elle a déclaré: 'Je ne veux plus te voir.' _____

**c** Ils ont promis: 'On vous écrira.' _____

**d** Elle a remarqué: 'Tu n'as pas fait tes devoirs.' _____

**e** Elles ont dit: 'Nous allons y rencontrer nos amies.' _____

**3** Change a–e from direct to indirect speech.

**a** Le professeur a dit aux élèves: 'Faites vos devoirs tous les soirs!'

_____

**b** Il leur a aussi dit: 'Ne jetez pas de papiers par terre!' _____

**c** Luc a dit à son frère: 'Va en ville tout seul!' _____

**d** Son frère lui a répondu: 'Ne te fâche pas!' _____

**e** Leur mère leur a dit: 'Ne vous disputez pas!' _____

**1a** All the vowels are missing from these French conjunctions. Complete the words.

a  m _ _ s                    *but*

b  p _ r  c _ ntr _           *on the other hand*

c  p _ _ rt _ nt              *however*

d  v _  q _ _ _               *seeing that*

e  p _ _ s                    *then*

f  t _ _ t  d _  m _ m _      *all the same*

g  d _  pl _ s                *moreover*

h  b _ _ n  s _ r             *of course*

i  d _  t _ _ t _  f _ ç _ n  *in any case*

j  f _ n _ l _ m _ nt         *finally*

> **Grammaire**
> Conjunctions (or connectives) are used to link parts of sentences.

**1b** Write French conjunctions that have a similar meaning to a–i. The first letter of each word and the correct number of letters are there to help you.

a  cependant        p _ _ _ _ _ _ _

b  car              p _ _ _ _  _ _ _

c  par conséquent   d _ _ _

d  en effet         e _  f _ _ _

e  ensuite          p _ _ _

f  en tout cas      d _  t _ _ _ _ _  f _ _ _ _

g  quand même       t _ _ _  d _  m _ _ _

h  premièrement     d' _ _ _ _ _

i  finalement       e _ _ _ _

**1c** Match up the connectives with their meanings. Write the correct number in each box.

a  quand même        ☐     **1** *all the more since*

b  d'autant plus que ☐     **2** *besides*

c  dans la mesure où ☐     **3** *on the contrary*

d  d'ailleurs        ☐     **4** *and so*

e  alors             ☐     **5** *as*

f  néanmoins         ☐     **6** *on the other hand*

g  comme             ☐     **7** *nevertheless*

h  d'une part        ☐     **8** *however, all the same*

i  d'autre part      ☐     **9** *on one hand*

j  au contraire      ☐     **10** *insofar as*

**2** Complete these statements in a meaningful way, taking the conjunction into account.

a  Il adore jouer au foot. Par contre, _____ .

b  En ce qui concerne la protection de l'environnement, beaucoup de progrès ont été faits. Cependant,

_____ .

c  Les salaires des immigrés sont plutôt bas en général. En effet, _____

_____ .

d  Il y a beaucoup de pays où l'on parle anglais parce que _____

_____ .

e  Le taux de chômage des immigrés est élevé. De plus _____

_____ .

f  D'une part, l'immigration est utile pour l'économie du pays. D'autre part, _____

_____ .

**3** On a separate sheet of paper, choose 10 of the conjunctions from Exercises 1a, 1b and 1c, and use them to write French sentences of your choice.

# Topic 2: Demonstrative pronouns

**1** Translate a–e into French.

a 'Which flowers do you prefer?' 'These ones.'

_____

b This dress is much prettier than that one.

_____

c 'Which mobile do you recommend? This one or that one?' (Use *vous*.)

_____

d 'Which photos do you want?' 'I'd like this one, that one and those please.' (Use *tu*.)

_____

e 'Do you have leather handbags?' 'Yes, we have these in black and those in brown.' (Use *vous*.)

_____

**2** Fill in the gaps with the correct demonstrative pronouns and either *de/d'* or *où*. For f and g, write similar sentences of your choice.

a La Fiat 500 devant la maison? C'est _____ _____ mon frère.

b La ville où ils habitent est bien mieux que _____ _____ ils habitaient avant.

c 'A qui est ce portefeuille?' 'C'est _____ _____ Henri, je crois.'

d Je connais des endroits super pour la pêche. _____ _____ on va d'habitude n'est pas loin d'ici.

e 'Quels outils vas-tu prendre?' '_____ _____ mon père.'

f _____

g _____

**3** Complete the sentences using demonstrative pronouns followed by *qui, que, qu'* or *dont*.

a _____ _____'il m'a prêté est super intéressant.

b _____ _____ j'ai vues en ville ne me plaisent pas du tout.

c _____ _____ j'ai envie ne sont pas très chers.

d _____ _____ coûte le moins n'est pas jolie, à mon avis.

e Le café de la Colombie? Oui, c'est _____ _____ je préfère.

f _____ _____ je t'ai parlé sont très gentilles.

g _____ _____ on a rencontrés étaient vraiment sympas.

h J'ai pris _____ _____ est en solde. Il est mieux que l'autre.

## Grammaire

Demonstrative pronouns are used to say 'this one/that one' or 'these ones/those ones'. In French, they are:

masculine singular: *celui*

feminine singular: *celle*

masculine plural: *ceux*

feminine plural: *celles*

Add -*ci* to mean 'this one' or 'these ones': *celui-ci*.

Add -*là* to mean 'that one' or 'those ones': *ceux-là*.

*Celui, celle, ceux, celles* can be followed by *de/d'* to indicate that what is being talked about belongs to someone:

*Mes photos sont bonnes mais celles de Florence sont bien meilleures.*

Demonstrative pronouns can also be followed by *où*:

*On a fait tous les magasins. Celui où j'ai acheté mon tee-shirt était vraiment bien.*

Demonstrative pronouns followed by *qui, que, qu'* or *dont* are used to translate:

- the one(s) who/which/that – *Celui que j'ai vu était super.*

- those who/which/that – *Ceux qui mangent trop risquent de grossir.*

- the one(s) of which/whose – *Celle dont j'ai besoin coûte cher.*

*Qui* replaces the subject of a sentence and is often followed by a verb: *celui qui est devant toi.*

*Que/Qu'* replaces the object of a sentence and is often followed by a noun or a pronoun: *celle que j'ai rencontrée.*

*Dont* also replaces the object of the sentence but is used instead of *que/qu'* with verbs followed by *de* such as *parler de, avoir besoin de, avoir envie de*: *Celui dont tu parles est très bien.*

## Grammaire

**'who' or 'what' + preposition**

Relative pronouns are words meaning 'who', 'whom', 'which', 'that'.

*Qui* is used for 'who/whom' after a preposition: *avec, sans, pour, à, de, contre.*

*La personne avec qui je m'entends le mieux est mon frère.*

*Quoi* is used for 'what' after a preposition:

*Je me demande à quoi tu penses.*

**'which' + preposition**

*Lequel* in different forms is used for 'which' after a preposition:

masculine singular: *lequel*

feminine singular: *laquelle*

masculine plural: *lesquels*

feminine plural: *lesquelles.*

*L'équipe pour laquelle je joue est très bonne.*

When that preposition is *à* or *de /d'*, *lequel* combines with it:

|  | with *à* | with *de* |
|---|---|---|
| *lequel* | *auquel* | *duquel* |
| *laquelle* | *à laquelle* | *de laquelle* |
| *lesquels* | *auxquels* | *desquels* |
| *lesquelles* | *auxquelles* | *desquelles* |

**1** Fill in the gaps with prepositions and relative pronouns.

   **a** '_____ _____ parle-t-il?' 'De son frère.'

   **b** '_____ _____ as-tu envie?' 'D'un gâteau à la fraise.'

   **c** '_____ _____ penses-tu?' 'A ma petite amie.'

   **d** 'Je ne sais pas _____ _____ elle sort en ce moment.' 'Avec Luc, je crois.'

**2** Complete the sentences using the correct form of *à/de* + *lequel*.

   **a** Les associations caritatives _____ elle donne de l'argent sont très importantes.

   **b** Le film à propos _____ nous avons eu un débat a remporté un prix.

   **c** Le groupe _____ il appartient est bon.

   **d** Les articles _____ il s'est référé étaient bien écrits.

   **e** C'est l'église dans _____ ils ont chanté.

   **f** Les livres au sujet _____ nous avons discuté ne sont pas très intéressants.

   **g** La table _____ ils se sont assis n'est pas propre.

   **h** Ceux _____ tu penses étaient plutôt décevants.

**3** Translate a–h into French.

   **a** What are you thinking about? (Use *tu*.) _____

   **b** Who are you talking to? (Use *tu*.) _____

   **c** It is the club to which he goes every week. _____

   **d** It is the reason why (for which) they did not arrive on time.

   _____

   **e** Which ones have you heard about? (Use *vous*.) _____

   **f** The wall against which he is leaning is not solid. (to lean – *s'appuyer*)

   _____

   **g** The house in which they live is nearby. _____

   **h** He has left his glasses, without which he cannot read, at his son's house.

   _____

**4** On a separate sheet of paper, write your own French sentences that include five different relative pronouns with five prepositions.

## Topic 2: Possessive pronouns

**1** Complete the grid below listing all the forms of the possessive pronouns.

| | masculine singular | feminine singular | masculine plural | feminine plural |
|---|---|---|---|---|
| mine | le mien | la mienne | les miens | les miennes |
| yours | le tien | | | |
| his | le sien | | | |
| hers | le sien | | | |
| ours | le nôtre | la nôtre | | |
| yours | le vôtre | | | |
| theirs | le leur | la leur | | |

**2** Study the example and complete a–e in a similar way.

Example: Cette voiture est à lui. *C'est la sienne.*

a Ce bracelet est à moi. _____

b Ce CD est à eux. _____

c Ce vélo est à elle. _____

d Ces livres sont à eux. _____

e Cet argent est à toi. _____

**3** Translate a–e into French.

Example: These keys are not yours. They are mine. *Ces clés ne sont pas les tiennes. Ce sont les miennes.*

a This bike is not mine. It's hers.

_____

b The house isn't theirs. It's mine.

_____

c These flowers are not mine. They are theirs.

_____

d I have found a wallet but it's not his. Is it yours?

_____

e The red car? It's my parents'. It's not mine.

_____

**4** Write five French sentences of your choice that include possessive pronouns.

_____

_____

_____

_____

_____

### Grammaire

You can express possession by using:

- **possessive adjectives:** *mon copain.*

- **demonstrative pronouns** *celui/ celle/ceux/celles + de/d':* *celle de mon copain* = my friend's.

- **à + disjunctive pronouns** *moi, toi, lui, elle, nous, vous, eux, elles:* *à moi* = mine, *à eux* = theirs.

- **possessive pronouns** *le mien,* etc. It is important to know the gender and number of what they refer to, so that you use the correct form: see Exercise 1.

Note that when you want to say 'his' or 'hers', it is not the gender of the person that counts but the gender (and number) of what you are talking about. The meaning can usually be understood from the context.

*Ce portable? C'est le sien.*
This mobile? It's hers./It's his.

**1** Make a list of 15 French expressions that require the use of the subjunctive.

Example: *je doute que*

_____

_____

_____

_____

**2** Rewrite a–d making the first clause negative each time. (Introducing an element of doubt in this way means that the second clause needs a subjunctive.)

Example: Je pense qu'ils ont vu ce film. *Je ne pense pas qu'ils aient vu ce film.*

a Je crois qu'ils sont partis en vacances.

_____

b Je suis certaine qu'il a appris à conduire.

_____

c Je suis convaincu que nous avons trouvé la solution à ce problème.

_____

d Je suis sûre qu'elle est devenue dentiste.

_____

**3** Translate a–e into French.

a I am sorry my parents didn't come.

_____

b She may not have woken up. (Begin with *il se peut que*.)

_____

c Although we could not go out, we had a good holiday. (Use *on*.)

_____

d I am pleased that the hurricane did not damage their house.

_____

e I am surprised that they didn't phone.

_____

**4** Write French sentences of your choice that include the words given. Use the perfect subjunctive.

Example: bien que – téléphoner – *Bien que j'aie téléphoné trois fois, elle n'a pas répondu.*

a il est important que – faire _____

b il se peut que – aller _____

c regretter que – s'arrêter _____

d douter que – pouvoir _____

e être désolé – déménager _____

## Grammaire

(See pages 18–19 for how to form the subjunctive; see pages 24 and 28 for when to use it.)

Remember that the subjunctive is used after expressions of doubt, preference, regret, etc. and also after certain prepositions such as *bien que, pour que*. When the clause that is introduced in these ways refers to something that has happened in the past, the perfect subjunctive is used.

To form the perfect subjunctive, use the present subjunctive of *avoir* or *être* + a past participle. With *être* verbs and reflexive verbs, the past participle agrees with the subject of the clause.

When the clause that includes the perfect subjunctive is negative, *ne ... pas/rien/jamais* are placed around the auxiliary, except for *ne ... personne/aucun* which are placed around the whole verb.

Where a reflexive verb is involved, the reflexive pronoun is placed immediately before the auxiliary.

*Je suis content qu'elle ne se soit pas levée tard.*

**1** These verbs are all in the past historic tense. What do they mean in English?

a il put _____

b ils furent _____

c ils virent _____

d elles vinrent _____

e il eut _____

f elle fit _____

g il lut _____

h elle mit _____

i elle sut _____

j il se tut _____

k il naquit _____

l elles admirent _____

## Grammaire

### The past historic

The past historic tense is the literary equivalent to the perfect tense. Although it is not used in speech, you will encounter it when you are reading.

After removing the infinitive ending, all -er verbs take the following endings: -ai, -as, -a, -âmes, -âtes, -èrent.

For regular -ir and -re verbs, the endings are: -is, -is, -it, -îmes, -îtes, -irent.

Many irregular verbs take these endings: -us, -us, -ut, -ûmes, -ûtes, -urent.

Although the stem of verbs in the past historic can be irregular, there are no irregular endings.

Note that the il/elle and ils/elles forms are seen more often than the je, tu, nous and vous forms.

**2** Match up the phrases that are similar in meaning and write the correct number in each box.

a il but ☐
b il put ☐
c il regarda ☐
d il répondit ☐
e il alla ☐
f il fut désolé ☐
g ils pensèrent ☐
h ils durent ☐
i ils parlèrent ☐
j ils cessèrent ☐
k ils préférèrent ☐
l ils voulurent ☐

1 ils dirent
2 il partit
3 il vit
4 ils s'arrêtèrent
5 ils eurent envie de
6 il fallut qu'ils
7 ils aimèrent mieux
8 il prit une boisson
9 il regretta
10 il fut capable
11 il répliqua
12 ils crurent

## Astuce

You may find it helpful to first work out the infinitives of the verbs in a–l and 1–12.

**3** Write historical facts in French, using the verb forms given.

Example: vécut – *Monet vécut au dix-neuvième siècle.*

a mourut _____

b écrivit _____

c déclara la guerre _____

d fut élu(e) _____

e naquit _____

**1** Use the verbs in brackets in the perfect tense, in their correct forms.

a   Ses parents? Oui, il les _____ hier. (**voir**)

b   Celles que tu _____ sont belles. (**choisir**)

c   La maison qu'ils _____ construire coûte cher. (**faire**)

d   Les criminels qu'on _____ sont maintenant en prison. (**arrêter**)

e   Je pense que la cathédrale que nous _____ était superbe. (**visiter**)

f   Tes cousins? Je les _____ . (**rencontrer**)

g   Où sont mes clefs? Je crois que je les _____ . (**perdre**)

h   Les poèmes qu'elle _____ sont très bien. (**écrire**)

**2** Rewrite a–e, replacing the direct object of each sentence by a pronoun. Take care with agreements.

Example: Il a vendu sa voiture. *Il l'a vendue.*

a   S'il avait su que c'était loin, il aurait pris sa voiture.

_____

b   Quand elle aura fini ses devoirs, elle sortira.

_____

c   Ils ont toujours adoré leur chatte.

_____

d   Grâce à Internet, il a finalement rencontré la fille de ses rêves.

_____

e   Elle a toujours bien habillé ses enfants.

_____

**3** Translate a–e into French.

a   He waited for her at the bus stop. _____

b   I think he has met her. _____

c   The presents she has bought for Christmas were in the sales. (Use: *en solde*.)

_____

d   The people he has helped are very pleased. _____

e   The books he recommended are very interesting. _____

**4** Write five French sentences of your choice that include preceding direct objects. Use the tenses given in brackets.

a   (perfect) _____

b   (pluperfect) _____

c   (future perfect) _____

d   (conditional perfect) _____

e   (perfect subjunctive) _____

## Grammaire

### Preceding direct objects

Most of the time, the direct object of the sentence follows the verb: *Elle a visité **la ville**.* In such cases, the past participle does not change.

However, the direct object sometimes precedes the verb. Study these examples.

1   ***La ville** qu'elle a visitée est magnifique.* Here, the past participle must agree with the direct object: add -e, -s or -es as appropriate.

2   ***Celle qu'**on a visitée était vraiment intéressante.* The pronouns *celui, celle, ceux, celles* followed by *que/qu'* precede the verb so the past participle must be changed accordingly.

3   *Elle **les** a rencontrés en ville.* (She met them in town.) Although in English 'them' does not precede the verb, it does in French, so the past participle agrees with it. Reminder: direct object pronouns that precede verbs are: *me, te, le, la, l', nous, vous, les.*

Note that the past participle is affected by preceding direct objects only, not by indirect objects.

The rule only affects verbs that take *avoir* in compound tenses (including reflexive verbs when used in a non-reflexive way, such as *il l'a réveillée* – he woke her up).

The rule does not apply with *faire* + infinitive (see page 52): *la voiture que j'ai fait réparer* (not *faite*).

**1** Wordsearch. Find four French words for each of the categories listed in the grid below and write them into the relevant spaces.

| T | I | E | N | N | E | I | C | V | O | C | P | A | N | R |
|---|---|---|---|---|---|---|---|---|---|---|---|---|---|---|
| S | O | I | T | E | V | B | E | I | I | F | R | U | E | B |
| P | A | R | T | I | R | E | N | T | W | N | M | I | I | L |
| L | A | I | E | S | H | O | T | D | X | O | G | U | L | S |
| U | M | U | M | I | L | L | E | V | O | U | S | T | C | E |
| B | Q | U | I | T | U | S | O | I | X | A | N | T | E | C |
| D | U | Z | E | Y | O | S | E | F | U | L | A | N | P | T |
| P | O | U | R | S | C | E | L | L | E | V | Y | E | E | N |
| L | I | N | N | O | G | L | E | S | C | N | E | I | N | A |
| A | T | R | T | A | N | L | S | U | A | E | Z | O | E | D |
| L | N | A | L | L | A | E | N | O | Y | I | L | S | D | N |
| E | E | D | S | O | E | C | I | N | O | M | I | U | A | E |
| U | R | F | O | R | D | E | V | A | N | T | E | R | I | P |
| R | I | J | I | S | G | V | R | N | S | O | Y | E | S | E |
| S | F | H | S | P | S | A | N | S | A | I | E | R | A | C |

| | | | | |
|---|---|---|---|---|
| conjunctions | | | | |
| numbers | | | | |
| possessive pronouns | | | | |
| demonstrative pronouns | | | | |
| relative pronouns | | | | |
| prepositions | | | | |
| direct object pronouns | | | | |
| subjunctive forms of *avoir* | | | | |
| subjunctive forms of *être* | | | | |
| verbs in the past historic | | | | |

**2** Choose one word from each category in Exercise 1 and, on a separate sheet of paper, use them in 10 French sentences of your choice.

**3** Rewrite a–e changing the verbs from the past historic to the perfect tense. Take care with past participle agreements.

Example: Ils la mangèrent. *Ils l'ont mangée.*

**a** Elles le virent. _____

**b** Nous la rencontrâmes. _____

**c** Ils ne la remarquèrent pas. _____

**d** Elles les connurent. _____

**e** Ils ne la réveillèrent pas. _____

**4** Fill in the gaps using demonstrative and possessive pronouns.

Example: La voiture? C'est *celle* de son frère. C'est *la sienne*.

a Le vélo? C'est _____ ma sœur. C'est _____ .

b La carte de crédit? C'est _____ mes parents. C'est _____ .

c Ces livres? Ce sont _____ mon copain. Ce sont _____ .

d Ces enfants? Ce sont _____ nos voisins. Ce sont _____ .

e Ces lunettes de soleil sont à moi. Ce ne sont pas _____ mon frère. Ce sont _____ .

**5** Rewrite a–e using indirect speech.

Example: Elle lui a dit: 'J'espère que vous aurez bientôt fini.' *Elle lui a dit qu'elle espérait qu'il aurait bientôt fini.*

a Il a dit: 'Je fais ce que je peux.' _____

b Elle a expliqué à son mari: 'De toute façon, notre fils fera ce qu'il voudra.'

_____

c Il a annoncé: 'J'en ai encore pour deux jours mais tout sera fini vendredi.'

_____

d Elle lui a dit: 'Je regrette mais je ne peux pas vous payer avant lundi.'

_____

e Il a répondu: 'Ça n'a pas d'importance.' _____

**6** Fill in the gaps with prepositions followed by relative pronouns. Note that where words combine (e.g. *de + lequel = duquel*) there is only one gap to fill.

Example: C'est la clé _____ _____ il a ouvert la porte. *C'est la clé avec laquelle il a ouvert la porte.*

a L'équipe _____ _____ il joue est première au classement.

b Le club _____ il appartient est super.

c Je sais _____ _____ il pense.

d Je ne sais vraiment pas _____ _____ il parle.

e Les fruits et légumes sont des aliments _____ _____ il est impossible de vivre sainement.

**7** Write six French sentences of your choice that include the words given.

Example: celui – besoin – *Celui dont j'ai besoin coûte cher.*

a doute – ait _____

b avec lequel _____

c J'ai dit que _____

d aurai – irai _____

e lesquels – les siens _____

f achetés – magasin _____

**1** Traduisez le texte en français.

Nowadays, everyone is aware of the importance of protecting our planet. We recycle all we can, we look after endangered species and we try not to pollute our environment. When we need to travel, we use public transport or we share cars. If the distance is short, we walk or we cycle to our destination. At least, we know that is what we should be doing! All of us have good intentions but a willpower and a memory that can be deficient at times. However, provided we continue to try to save our planet, it will still be there for future generations.

_____

_____

_____

_____

_____

**2** Traduisez le texte en français.

The US has been the largest economic power in the world for several decades. However, their reign is nearly over. China is the new superpower that is about to replace the US as number one in the league of economic powers. How could China transform itself so dramatically in the last thirty years? It would seem that China decided to trade with the rest of the world and sold the goods it produced at very competitive prices compared to those of other industrialised countries. To a large extent, that explains their enormous economic success.

_____

_____

_____

_____

_____

_____

**3** Traduisez le texte en français.

It has now become the norm for many people to recycle as much as possible. We all know that it is one of the ways in which we can help protect the environment. We recycle glass, cardboard, clothes, paper and many other products. To remind us of the importance of recycling, there are recycling centres and recycling points in car parks for instance. Moreover, local authorities regularly collect our recyclable products from our homes. Provided we are prepared to accept our individual responsibility and play our part in the recycling project, the outcome can only be beneficial to the environment.

_____

_____

_____

_____

_____

_____

**4** Traduisez le texte en français.

The aeroplane is a form of transport that is used more than ever before. For long distance journeys, it is cheaper than other forms of transport. There is also no doubt that it gets us to our destination more quickly. As more and more planes are needed to satisfy the demands of the public, new airports need to be built. Airports are always located a few kilometres away from city centres. However, as the population grows, cities spread outwards and building new housing estates close to airports becomes unavoidable. Given what we know about air and noise pollution, the geographical location of future airports is a problem that now needs resolving.

_____

_____

_____

_____

_____

_____

_____

**5** Traduisez le texte en français.

Socially excluded people are often economically and socially vulnerable. Social exclusion can happen to anyone. Poverty is one of the key factors of exclusion. The prospect of unemployment is a concern wherever we live. Those who lose their jobs may not find another one. Sometimes, they become homeless as well as unemployed. They are then likely to be found in the poorest districts, where the level of crime is higher than in any other part of the city. It is often a vicious circle from which it is difficult to escape.

_____

_____

_____

_____

_____

_____

**6** Traduisez le texte en français.

When the euro was introduced, Britain said it wanted to keep its currency. The British government now believes that whether or not the country belongs to the EU is a decision that should be taken by the British people themselves. The government therefore intends to have a referendum which quite simply will ask that question. If the majority of people prefer being a part of the EU, the relationship Britain has with Europe will probably improve. If, on the other hand, the outcome indicates that Britain should leave the EU, what will the consequences for Britain be?

_____

_____

_____

_____

_____

_____

# Topic 3: The conditional perfect

**1** Underline the verbs used in the conditional perfect and translate the sentences into English.

a S'il avait plu, ils ne seraient pas venus.

_____

b Tu n'aurais pas dû les faire à ce moment-là.

_____

c Si j'avais su, je ne te les aurais jamais achetées.

_____

d Tu n'aurais pas dû les lui donner. _____

e A votre place, je n'aurais rien dit. _____

f Si vous étiez venue hier, vous n'auriez vu personne.

_____

**2** Translate a–e into French.

a If I had known, I would not have watched that film.

_____

b In his place, I would not have eaten anything.

_____

c If they had watched the weather forecast, they would not have gone out.

_____

d He should not have phoned. _____

e You could never have done this work on your own. (Use *tu*.)

_____

**3** On a separate sheet of paper, translate a–f into French.

a I should not have waited for you. (Use *tu*.)

b I could not have done it without your help. (Use *vous*.)

c They would not have thought about it.

d You could have told us about it. (Use *vous*.)

e Had I known that you weren't going to read them, I would not have given them to you. (Use *tu*.)

f You should not have gone to see them. (Use *tu*.)

**4** Write five French sentences with a verb in the conditional perfect and the elements given in brackets.

a (*si*) _____

b (*ne … pas*) _____

c (*ne … personne*) _____

d (a preceding direct object) _____

e (*ne … pas* and two object pronouns) _____

## Grammaire

See pages 17 and 25 to revise how to form the conditional perfect, like these examples:

*j'aurais compris* – I would have understood

*elle serait partie* – she would have left

Remember that with *être* verbs, the past participle agrees with the verb subject, adding -e, -s or -es as appropriate.

The past participle of *avoir* verbs changes in cases where a direct object precedes the verb (see page 45):

*Il **les** aurait rencontrés s'il avait eu le temps.* He would have met them if he'd had the time.

The conditional perfect is sometimes used in sentences that include the word *si*. Study the tenses in this example:

*Si tu **avais vu** ce film, tu l'**aurais adoré**.*
If you had seen (= pluperfect) this film, you would have loved (= conditional perfect) it.

### With negatives

Note the position of *ne … pas/rien/jamais* in sentences a–e in Exercise 1: it goes around the auxiliary verb.

Compare with sentence f, where *ne … personne* goes around the whole verb (*ne … aucun* behaves the same way).

Note the position of the pronouns in sentence c in Exercise 1 – immediately before the auxiliary.

In sentence d in Exercise 1, *aurais dû* is followed by another verb, *donner*. In such cases, pronouns are placed immediately before the second verb, which is always in the infinitive.

**1** Translate the sentences into French.

a  This photo is much clearer than that one.

_____

b  She is not as intelligent as her brothers.

_____

c  He works as much as his friends. _____

d  The area where they live is more polluted than this one.

_____

e  My sister's mobile is less expensive than mine.

_____

**2** Translate a–d into French.

a  It is a better play than the one we saw last month.

_____

b  His cold is worse than yesterday. _____

c  She is worse than I am! _____

d  He plays basketball better than he plays football.

_____

**3** Write a–e in French.

a  Mont Blanc is the highest mountain in Europe.

_____

b  It is the most attractive beach in the country. (attractive – *attirant*)

_____

c  The meat was of the worst possible quality.

_____

d  She is one of the most accomplished violinists I know. (accomplished – *accomplie*.)

_____

e  He is the best footballer the world has ever seen.

_____

**4** Write six French sentences of your choice: three involving comparatives and three involving superlatives.

_____

_____

_____

_____

_____

_____

## Grammaire

### Comparatives

Comparatives can be used in conjunction with a verb: 'He eats more than his brother' – *Il mange plus que son frère*. Use *plus que* for 'more than', *moins que* for 'less than' and *autant que* for 'as much as'.

Comparatives are also used with adjectives. Study these examples:

*La France est plus peuplée que l'Espagne*. France is more populated than Spain.

*Cette question est plus facile que l'autre*. This question is easier than the other one.

In English, to express the idea of 'more', we add -*er* to a short adjective ('easier'), but 'more' in front of a long adjective ('more populated'). In French, the length of the adjective is immaterial. The words to place around the adjective are: *plus … que, moins … que, aussi … que* (as … as).

### Irregular comparatives

'Better': use *meilleur*(e)(s) when it qualifies a noun: *Ce gâteau est meilleur*. Use *mieux* when it qualifies a verb: *Elle travaille mieux que son frère*.

'Worse': use *pire* to qualify a noun: *Sa guitare est pire que la mienne*. Use *plus mauvais* or *plus mal* to qualify a verb: *Elle chante plus mal que moi*.

### Superlatives

Reminder: to form superlatives ('the highest/best/worst', 'the most/least …'), use *le/la/les + plus/ moins* + adjective. Most adjectives go after the noun, but a number of common adjectives go before it and superlatives follow the same patterns. Note also:

• 'in' after a superlative is *de*: *le plus beau de la classe*

• the best = *le/la/les meilleur*(e)(s)

• the worst = *le/la/les pire*(s)

• if the clause that follows a superlative is introduced by *que*, a subjunctive is required: *le meilleur prof qu'on **ait** jamais eu*.

## Astuce

Your sentences could be about celebrities, sports personalities, places, etc.

# Topic 3: Dependent infinitives – *faire* + infinitive

**1** Translate the sentences into French.

a We are having the walls painted. _____

b I am having my motorbike repaired. _____

c If my wife agrees, I will have this old piece of furniture restored.

_____

d I am going to have the kitchen redone.

_____

e His employers made him learn to drive.

_____

**2** Check that the sentences you worked out in Exercise 1 are correct, then make them negative, adding *ne … pas* appropriately.

a _____

b _____

c _____

d _____

e _____

**3** Translate a–e into French.

a I am having the lawn mowed by him.

_____

b She makes them do the washing up.

_____

c He makes them do it. _____

d They decided to have it done. _____

e My tyres? Yes, I have had them checked.

_____

**4** Write a–e in French.

a They are going to get beaten by the other team.

_____

b She has got herself invited. _____

c They got themselves injured in a road accident.

_____

d I had a dress made for me. _____

e Had I known, I would have had a suit made for me.

_____

## Grammaire

When *faire* is followed by an infinitive, it can mean 'to make something happen': *je l'ai fait travailler dur* (I made him work hard) or 'to have something done': *je ferai réparer ma voiture* (I will get my car repaired).

Of course, *faire* can be used in different tenses.

Note that *faire* can itself be followed by *faire*: *j'ai fait faire la terrasse* (I've had the patio done). In such cases, only the first *faire* is conjugated and the second is an infinitive.

When *faire* + infinitive is combined with a negative expression, the usual rules apply: the negative goes around *faire* unless a compound tense is used, when it goes around the auxiliary verb:

*Je n'ai pas fait réparer mon vélo.*

Where object pronouns are involved, the usual rules apply, i.e. the pronouns are placed before *faire* or, in compound tenses, before the auxiliary verb.

*La salle à manger – oui, nous l'avons fait peindre.* (No agreement on *fait* when followed by an infinitive.)

An indirect object pronoun can be used to refer to the person the action was done by (and the sentence already has a direct object).

*Je lui ai fait peindre la maison.* I made him paint the house./I had the house painted by him.

*Se faire* + infinitive is used to indicate that the subject has something done to/for himself/herself.

*Il s'est fait renvoyer.* He got himself sacked.

*Elle s'est fait arrêter par la police.* She got herself arrested by the police.

Usually, *se faire* works like a reflexive verb and the past participle agrees with the subject in compound tenses; but not when *se faire* is followed by an infinitive, as in the example above.

**1** Make a list, giving just the infinitive or preposition of:

- four verbs followed by an infinitive with no preposition between the two verbs.

  _____ _____ _____ _____

- four verbs followed by *à* + infinitive.    _____ _____ _____ _____

- four verbs followed by *de* + infinitive.    _____ _____ _____ _____

- four prepositions that can be followed by an infinitive. _____ _____ _____ _____

**2** Use the verbs and prepositions you identified in Exercise 1 to write four French sentences within the topic areas given. Write one sentence that contains a negative, one with an object pronoun, one with a subjunctive, and one with a perfect or imperfect tense.

**L'ordre public**

_____

_____

_____

_____

**Le monde du travail**

_____

_____

_____

_____

**L'environnement**

_____

_____

_____

_____

**Les problèmes liés aux transports**

_____

_____

_____

_____

## Grammaire

The infinitive is used:

- when a verb follows another and there is no preposition between the two verbs: *Je peux aller au cinéma*

- after verbs followed by *à*: *Il commence à pleuvoir*

- after verbs followed by *de*: *Il a peur de tomber de vélo*

- after some prepositions: *Pour aller au centre, prenez la première à droite.*

**3** Write five sentences of your choice that contain at least two verbs in the infinitive.

_____

_____

_____

_____

_____

## Astuce

Study this example: *Il a envie d'essayer d'arrêter de manger du chocolat.* He wants to try to stop eating chocolate.

It contains three verbs in the infinitive!

# Topic 3: The future tense of the passive

**1** Translate a–f into French.

a  She will be helped by social services.

_____

b  I think that they will be beaten in the semi-final.

_____

c  His car will soon be sold. _____

d  I am sure she won't be impressed. _____

e  Those who burgle homes will be put in prison. (Use *cambrioler*.)

_____

f  We will be told where to go. _____

**2** Write these sentences in French, first using the passive voice, and then starting each one with *on*.

Example: He will be prosecuted. *Il sera poursuivi en justice. On le poursuivra en justice.*

a  It will be done. _____

_____

b  This job won't be finished before the weekend.

_____

_____

c  The winners will be selected on Saturday.

_____

_____

d  They won't be invited to the party.

_____

_____

e  I hope she won't be sacked. _____

_____

**3** Translate the sentences into French, avoiding the passive voice and using *on*.

a  You will be asked your opinion. _____

b  We will be told what we have to do. _____

c  They will be given wedding presents. _____

d  The application form will be sent to her. (Use *le formulaire de demande*.)

_____

e  They won't be allowed to come in. _____

**4** On a separate sheet of paper, write five French sentences of your choice in the passive (or avoiding the passive, using *on*). Use the future tense in each sentence.

## Grammaire

Look back to page 22 to revise how the passive works in French.

For its future tense, use the future tense of *être* followed by a past participle, which must agree with the subject. As in other tenses, you can often choose to use the passive, e.g. *La voiture sera vendue*, or avoid it using *on*: *On vendra la voiture*.

You <u>must</u> avoid it and use <u>on</u> with verbs usually followed by *à* such as *dire, demander, donner, conseiller, prêter, emprunter, permettre, promettre, envoyer*. So to say 'I will be given presents', it's: *On me donnera des cadeaux*. Note that 'I' becomes an object pronoun: *me*.

Remember that with verbs like *donner* and *demander*, you have to use *on*, thus avoiding the passive.

If pronouns are needed for 'her/him/them', use indirect object pronouns *lui* and *leur*:

*On lui enverra un cadeau.* She will be sent a present./They will send her a present.

**1** Translate a–c into English.

a Sachant comment il est, je ne crois pas qu'il dise la vérité.

_____

b Croyant qu'il était à l'heure, il ne s'est pas pressé.

_____

c Ne voulant pas être en retard à son rendez-vous, il a pris un taxi.

_____

**2** Complete a–c in your own words.

a Sachant _____ .

b Croyant _____ .

c Voulant _____ .

**3** Write a–d in French.

a Having lost his job, he is looking for another one.

_____

b Having watched the programme, he was able to discuss it.

_____

c Having arrived at their hotel, they went straight to bed.

_____

d Having woken up early, she had time to have breakfast.

_____

**4** Translate a–e into French.

a By taking exercise regularly, he lost a lot of weight.

_____

b She had an accident while driving her father's car.

_____

c He saw her while waiting for the train.

_____

d She voted for him while knowing exactly the kind of person he was.

_____

e Philippe hurt himself while falling off his bike.

_____

**5** Write four sentences of your choice that include a present participle and the elements given below in brackets.

a (en) _____

b (ayant) _____

c (étant) _____

d (a reflexive verb) _____

### Grammaire

The present participle is used at the beginning of a sentence to express the idea of 'because' or 'since'.

Present participles end in -ant and are formed from the _nous_ form of the present tense:

_regarder – nous regardons – regardant_ (watching)

_voir – nous voyons – voyant_ (seeing)

There are three exceptions to this rule: _ayant_ (from _avoir_), _étant_ (from _être_) and _sachant_ (from _savoir_).

If you want to say 'having done something', use _ayant_ or _étant_ + a past participle. Don't forget that with _être_ verbs, the past participle agrees with the subject.

Study these examples:

_Ayant travaillé toute sa vie, il est maintenant à la retraite._ (Having worked all his life, he …)

_Etant allée en ville à pied, elle était fatiguée._ (Having walked into town, she …)

_S'étant trompés de route, ils ont dû faire demi-tour._ (Having gone the wrong way, they …)

The present participle can also be used after the preposition _en_. _En …-ant_ means 'while/by doing something'.

_Il s'est coupé le doigt en préparant le repas._ He cut his finger while preparing the meal.

## Topic 3: Inversion after direct speech

**1** Ten of the French verbs involved in direct speech are listed below but all the vowels are missing. Work out what they are and what they mean in English, then use them in direct speech to report information of your choice.

Example: dr – *dire* = *to say, to tell*

*Il a dit: 'Nous ne pourrons pas venir vous voir la semaine prochaine.'*

**a** confrmr – _____ = _____

_____

**b** dclrr – _____ = _____

_____

**c** rpndr – _____ = _____

_____

**d** prmttr – _____ = _____

_____

**e** dmttr – _____ = _____

_____

**f** rmrqr – _____ = _____

_____

**g** xplqr – _____ = _____

_____

**h** dmndr – _____ = _____

_____

**i** nnncr – _____ = _____

_____

**j** crr – _____ = _____

_____

### Grammaire

Direct speech is used in sentences such as: He said: 'We will arrive at 8 o'clock'. It involves verbs like 'to confirm, declare, reply, promise, admit', often used in the perfect tense.

When phrases such as *il a dit* or *sa mère a expliqué* occur at the end of a sentence, a subject-verb inversion is necessary:

*'Il faudra faire des sacrifices', a déclaré le président.*

*'Nous partirons à sept heures', a-t-il dit.*

Note that *-t-* has been inserted between *a* and *il*. This only occurs with *il a, elle a* and *on a*.

When a noun (instead of a pronoun) is used (as in *sa mère a expliqué*), the inversion takes a different format: *sa mère a expliqué* would become *a expliqué sa mère*.

Reminder: when changing from indirect speech to direct speech (and vice versa), tenses, subject pronouns and demonstrative adjectives are affected.

*Il lui a expliqué qu'il **fallait** qu'elle prenne **ses** clés.*
– in direct speech, this becomes:
  *'Il **faut** que tu prennes **tes** clés', lui a-t-il expliqué.*

*'**Je suis** rentré à onze heures', a dit Pierre.*
– in indirect speech, this becomes:
  *Pierre a dit qu'il était rentré à onze heures.*

**2** Choose five of the sentences you worked out in Exercise 1 and rewrite them, on a separate sheet of paper, using the kind of inversion described in the *Grammaire* box.

Example: Son père a crié: 'Attention!' – 'Attention!', a crié son père.

**3** Rewrite these sentences in direct speech. Put the speaker at the end, using an inversion.

**a** Il lui a dit qu'il irait en ville. _____

**b** Son frère a avoué que c'était de sa faute. _____

**c** Ses copains lui ont dit qu'ils le rencontreraient au café du centre.

_____

**d** Elle lui a dit qu'il fallait qu'il mette ses nouvelles chaussures.

_____

**e** Ses parents lui ont demandé de ne pas rentrer trop tard.

_____

**1** Write a sentence in French for each of the following situations which require a subjunctive.

Example: doubt – *Je ne pense pas qu'il fasse beau demain.*

> **Grammaire**
> The subjunctive is nearly always used in subordinate clauses introduced by *que*. It is required after expressions of doubt, fear, etc. as listed in Exercise 1.

**After expressions of:**

**a** doubt _____

**b** fear _____

**c** regret _____

**d** wanting _____

**e** preference _____

**f** possibility _____

**g** necessity _____

**After:**

**h** *c'est* + adjective + *que* _____

**i** *je suis* + adjective of emotion + *que* _____

**j** a superlative + *qui/que* _____

**After these prepositions:**

**k** avant que _____

**l** pour que/afin que _____

**m** quoique/bien que _____

**n** de façon que _____

**o** sans que _____

**p** après que _____

**2** Consider a–g in Exercise 1 again. List some French phrases within each category that would require the use of the subjunctive.

Example: **a** doubt – *je doute que, je ne pense pas que, je ne crois pas que, je ne suis pas sûr que, je ne suis pas certain que*

**b** fear _____

**c** regret _____

**d** wanting _____

**e** preference _____

**f** possibility _____

**g** necessity _____

**3** Translate a–e into English.

**a** J'aurais préféré qu'ils vous le disent. _____

**b** Je voulais que tu le saches par cœur. _____

**c** Je ne crois pas qu'on puisse venir. _____

**d** Il se peut qu'il neige aujourd'hui. _____

**e** Ma mère est déçue qu'on ne m'ait pas offert un travail à temps plein.

_____

# Topic 3: The imperfect subjunctive

**1** Complete the grid below with the imperfect subjunctive.

|  | -er verbs: regarder past historic: il regarda | -ir and -re verbs: répondre past historic: il répondit | irregular verbs: avoir past historic: il eut |
|---|---|---|---|
| que je/j' | regardasse | répondisse | eusse |
| que tu |  |  |  |
| qu'il/elle |  |  |  |
| que nous |  |  |  |
| que vous |  |  |  |
| qu'ils/elles |  |  |  |

### Grammaire

The imperfect subjunctive is used in formal writing and in literature. Nowadays, it is not used in speech, but if you encounter it in your reading, you need to be able to understand it.

The verb stem is the same as the stem of the *il/elle* form of the past historic tense without a final *-t*. Its endings are: *-sse, -sses, -^t, -ssions, -ssiez, -ssent*.

**2** Some irregular verbs used in the imperfect subjunctive are not easy to identify. Work out the infinitive of these verb forms.

a pussions _____

b vinssent _____

c fusse _____

d susses _____

e dusse _____

f fisses _____

g vissent _____

h tinssent _____

i lusse _____

**3** Translate a–e into English.

a Elle voulait qu'ils fussent de retour avant la nuit.

_____

b Elle aurait aimé que nous fissions la vaisselle.

_____

c Je ne pensais pas qu'ils fussent là.

_____

d Il était important qu'ils le sussent.

_____

e Je n'aurais jamais cru qu'ils vinssent nous rendre visite.

_____

**1** Complete this grid of the key *je* forms of regular verbs.

|  | present | imperfect | future | conditional | subjunctive |
|---|---|---|---|---|---|
| *-er* verbs | je parle | je parlais | je parlerai | je parlerais | je parle |
| *-ir* verbs | je finis |  |  |  |  |
| *-re* verbs | je réponds |  |  |  |  |

**2** Verb endings. Complete the grid showing the patterns for the six endings of regular verbs.

| present tense of *-er* verbs | -e, -es, -e, -ons, -ez, -ent |
|---|---|
| present tense of *-ir* verbs |  |
| present tense of *-re* verbs |  |
| the imperfect tense |  |
| the future tense |  |
| the subjunctive of *-er* and *-re* verbs |  |
| the subjunctive of *-ir* verbs |  |

**3** Use the same three verbs as in Exercise 1 to complete the next grid. Write the *je* form only.

|  | perfect | pluperfect | future perfect | conditional perfect | perfect subjunctive |
|---|---|---|---|---|---|
| *-er* verbs | j'ai parlé |  |  |  |  |
| *-ir* verbs |  |  |  |  |  |
| *-re* verbs |  |  |  |  |  |

**Astuce**

*Avoir* and *être* are used to form compound tenses, so it's essential to know them well.

**4** Complete the next two grids showing all parts of *avoir* and *être*.

|  | avoir | | | | |
|---|---|---|---|---|---|
|  | present | imperfect | future | conditional | subjunctive |
| j' |  |  |  |  |  |
| tu |  |  |  |  |  |
| il/elle/on |  |  |  |  |  |
| nous |  |  |  |  |  |
| vous |  |  |  |  |  |
| ils/elles |  |  |  |  |  |

|  | être | | | | |
|---|---|---|---|---|---|
|  | present | imperfect | future | conditional | subjunctive |
| je/j' |  |  |  |  |  |
| tu |  |  |  |  |  |
| il/elle/on |  |  |  |  |  |
| nous |  |  |  |  |  |
| vous |  |  |  |  |  |
| ils/elles |  |  |  |  |  |

**5** List 16 verbs that take *être* in compound tenses.

_____ _____ _____ _____ _____ _____ _____ _____

_____ _____ _____ _____ _____ _____ _____ _____

**1** Complete a–e in a meaningful way.

Example: S'il avait fait beau, ... *je serais allée à la plage.*

a  S'il avait réussi ses examens, _____ .

b  Si elle avait fait des économies, _____ .

c  S'ils s'étaient couchés plus tôt, _____ .

d  Si vous étiez arrivés à l'heure, _____ .

e  S'il avait pris des billets, _____ .

**2** Translate a–e into French.

a  I would like you to learn to ride a horse. (Use *tu*.) _____

b  It is important that you stop smoking. (Use *vous*.) _____

c  I don't think you can continue to go out with him. (Use *tu*.) _____

d  I want you to try to forget her. (Use *vous*.) _____

e  I am not sure he will manage to learn how to swim. _____

**3** Change sentences a–e from direct to indirect speech.

a  Il a dit à sa copine: 'Je voudrais que tu sortes avec moi ce soir.'

_____

b  Elle a répondu: 'Je ne pense pas que nous ayons le temps de sortir.'

_____

c  Il a expliqué: 'J'aimerais bien qu'on aille au cinéma ensemble.'

_____

d  Elle a dit: 'Il faut que je m'occupe de mes petits frères.'

_____

e  Il a répondu: 'C'est dommage que tu ne sois pas libre.'

_____

**4** Translate a–e into French.

a  By training every day, she has become the best player in the team.

_____

b  By working hard, he has managed to get better marks than his friends.

_____

c  She has become one of the most famous people in the country by writing novels.

_____

d  By winning a gold medal, he proved that he was the strongest man in the world.

_____

e  While walking, they saw the most beautiful wild flowers in the area.

_____

**5** Translate a–e into English.

a Il faudrait que vous le lussiez. _____

b Je ne croyais pas qu'ils vinssent si tôt. _____

c Il était essentiel qu'ils le fissent. _____

d Je ne voudrais pas que vous fussiez déçu. _____

e Quoiqu'il eût peur, il y alla. _____

**6** Write sentences similar in meaning to a–e but using the passive voice instead of *on*.

Example: On vendra notre moto samedi. *Notre moto sera vendue samedi.*

a On repeindra les murs cette semaine. _____

b On prendra une décision bientôt. _____

c On fera les courses jeudi. _____

d On élira le président de la République dans trois ans. _____

e On ne leur enverra pas ces lettres. _____

**7** Translate a–e into French.

a Jacques had a house built. _____

b They will have their washing machine repaired next week.

_____

c She made him work hard. _____

d The neighbours have had it done. _____

e She had her hair cut. _____

**8** Write a–e in French.

a She will be asked what she thinks about it.

_____

b If she had been told where it was, she would have gone.

_____

c 'I would like you to lend me some money,' her brother said.

_____

d By playing rugby, he keeps himself in good health.

_____

e He is likely to forget to lock the door.

_____

**1** Traduisez le texte en français.

It is a pity you were ill last week, as I would have liked you to have come to Avignon with us. I think you would really like the town. Although our hotel is close to the centre, we have fantastic views of the river. Yesterday we went to visit the Popes' Palace and today we are going down to the Camargue. I would also like us to drive up Mont Ventoux. Although the weather is pleasant now, it was raining when we arrived.

_____

_____

_____

_____

_____

_____

_____

_____

_____

_____

_____

**2** Traduisez le texte en français.

Renewable energy is important because it will not run out in the future. In my view, we should try to develop all of the different forms. In a country like ours, which is completely surrounded by the sea, it is essential that we capture tidal energy. We should also remember that, on the coast in particular, it is often very windy. We must therefore build dams and wind turbines that will provide us with the energy we will need in the future.

_____

_____

_____

_____

_____

_____

_____

_____

_____

_____

_____

**3** Traduisez le texte en français.

Familiarity with the French language is often the reason why immigrants choose to come to France. Although France has enough space to welcome immigrants, it cannot always offer them a job, and those who have a well-paid job are in a minority. It is hoped that, as soon as the economic situation has improved, new jobs will be created for everyone.

_____

_____

_____

_____

_____

_____

_____

_____

**4** Traduisez le texte en français.

We are advised to do many things to stay in good health. For example, it is necessary that we eat five portions of fruit and vegetables every day, and anyone who smokes should at least try to stop. It is also recommended that we sleep for eight hours every night. We should all exercise daily and avoid spending all our time in front of a screen.

_____

_____

_____

_____

_____

_____

_____

_____

**5** When writing an essay in French, the phrases below will be useful. Try to include as many of them as possible in your writing.

| | |
|---|---|
| Pour autant que je sache,… | *As far as I know,…* |
| En ce qui me concerne,… | *As far as I am concerned,…* |
| Dans l'analyse qui va suivre,… | *In the analysis that follows,…* |
| Je m'efforcerai de montrer que… | *I will strive to show that…* |
| Au terme de cette analyse,… | *At the end of this analysis,…* |
| Nous sommes amenés à penser que… | *We are led to believe that…* |
| Il est à noter que… | *It is to be noted that …* |
| D'une part,… d'autre part,… | *On the one hand…, on the other hand,…* |
| Examinons la manière dont… | *Let's examine the way in which…* |
| Nous pouvons en effet constater que… | *We can indeed note that…* |
| A mon avis, il est clair que… | *In my opinion, it is clear that…* |
| Je ne suis pas d'accord avec… | *I don't agree with…* |
| Il est indéniable que… | *It is undeniable that…* |
| Cela va sans dire que… | *It goes without saying that…* |
| Penchons-nous sur le problème de… | *Let's address the problem of…* |
| La raison pour laquelle… | *The reason why…* |
| Il s'agit de… | *It is a question of…* |
| En guise de conclusion,… | *As a conclusion,…* |
| Je voudrais avancer l'hypothèse… | *I would like to put forward the hypothesis…* |
| La question qui se pose est / concerne… | *The question to ask is / concerns…* |
| Il ne fait aucun doute que… | *There is no doubt that…* |
| Il faut considérer… | *We have to consider…* |
| Cela nous permet de… | *That allows us to…* |
| J'aimerais proposer que… | *I would like to propose that…* |
| Il est souhaitable que… | *It is desirable that…* |
| Il vaudrait mieux… | *It would be better to…* |
| Il semble que… | *It seems that…* |
| Il se peut que… | *It may be that…* |
| En fin de compte, je dois avouer que… | *In the end, I have to admit that…* |
| A première vue,… | *At first sight,…* |
| Prenons un exemple. | *Let's take an example.* |
| On peut en déduire que… | *We can deduce that…* |
| Pour illustrer ce point,… | *To illustrate the/this point,…* |
| Etant donné que… | *Given that…* |
| Dans la mesure où… | *In so far as…* |
| Il convient d'ajouter que… | *It is advisable to add that…* |
| En outre / De plus,… | *Moreover,…* |
| D'ailleurs,… | *Besides,…* |
| On peut se demander si… | *We can wonder if…* |
| Il s'ensuit que… | *It follows that…* |
| On peut supposer que… | *We can suppose that…* |
| Il est intéressant de… | *It is interesting to…* |
| On peut concevoir que… | *We can conceive that…* |

**6** Your writing also needs to be accurate. Ask yourself the following questions in order to get the grammar right.

**VERBS**

Am I using the right verb?
Is it a verb followed by *à* or by *de*?
Is it an irregular verb?
Is it a verb that takes *être* in a compound tense?
Is a subjunctive required here?
If so, is it a present or perfect subjunctive?
Should I use a perfect or an imperfect tense here?
As *depuis* is involved, should I use the present or the imperfect tense?
Can I use the passive voice or do I need to use a sentence that starts with *on*?
Do I need to add an *-e/-s/-es* at the end of the past participle?
Where should the *ne…pas* go in this sentence?
How should I translate the words 'should' and 'could'?
How do I translate 'let's do something'?
This is a negative command. Where should I place *ne…pas*?
Which verb should I use to mention the nice weather?
Should I use *quitter*, *partir* or *laisser* for 'to leave'?
Which tense should I use to say 'when they arrive'?
How do I translate 'I have just…'?
What ending should a verb that follows another verb have?
How should I translate 'before doing…'? What about 'after doing…'?

**ADJECTIVES**

Does this adjective go before the noun it describes or after it?
Is this an adjective with irregular forms, e.g. *beau / bel / belle / beaux*?
What is the difference between *meilleur* and *mieux*?
Which French words should I use to make comparisons?

**ADVERBS**

I have a verb in the perfect tense. Where should I place the word *souvent*?
*Beaucoup, assez, trop*: should they be followed by *de* or by *à*?

**PRONOUNS**

As the pronoun I need to use is linked to a verb followed by *à*, should I use a direct or indirect object pronoun?
How do I translate 'they' when referring to *mon frère et ma sœur*?
I have to include *le* and *lui* in the same clause. What is the correct word order?
When should I use *y*? What about *en*?

**RELATIVE PRONOUNS**

Should I use *qui*, *que* or *dont* here?
How do I say 'what' when it is not part of a question?

**ARTICLES**

As we are talking about people in general here, do I need to use *le, la, l'* or *les*?
Do I need to use *le, la, l'* or *les* in front of countries? Areas? Mountains? Lakes?
Do I need to use *un / une* in front of a profession?

**PREPOSITIONS**

'In' = *dans, en* and *à*. How do I choose the correct one?
How do I choose between *devant* and *avant*?
Which pronouns should I use after prepositions? For example, how do I translate 'them' after *avec*?

| | | PRESENT | PERFECT | IMPERFECT | FUTURE | CONDITIONAL | SUBJUNCTIVE |
|---|---|---|---|---|---|---|---|
| **REGULAR VERBS** | | | | | | | |
| **-er verbs** **jouer** *to play* | je/j' | joue | ai joué | jouais | jouerai | jouerais | joue |
| | tu | joues | as joué | jouais | joueras | jouerais | joues |
| | il/elle/on | joue | a joué | jouait | jouera | jouerait | joue |
| | nous | jouons | avons joué | jouions | jouerons | jouerions | jouions |
| | vous | jouez | avez joué | jouiez | jouerez | joueriez | jouiez |
| | ils/elles | jouent | ont joué | jouaient | joueront | joueraient | jouent |
| **-ir verbs** **finir** *to finish* | je/j' | finis | ai fini | finissais | finirai | finirais | finisse |
| | tu | finis | as fini | finissais | finiras | finirais | finisses |
| | il/elle/on | finit | a fini | finissait | finira | finirait | finisse |
| | nous | finissons | avons fini | finissions | finirons | finirions | finissions |
| | vous | finissez | avez fini | finissiez | finirez | finiriez | finissiez |
| | ils/elles | finissent | ont fini | finissaient | finiront | finiraient | finissent |
| **-re verbs** **vendre** *to sell* | je/j' | vends | ai vendu | vendais | vendrai | vendrais | vende |
| | tu | vends | as vendu | vendais | vendras | vendrais | vendes |
| | il/elle/on | vend | a vendu | vendait | vendra | vendrait | vende |
| | nous | vendons | avons vendu | vendions | vendrons | vendrions | vendions |
| | vous | vendez | avez vendu | vendiez | vendrez | vendriez | vendiez |
| | ils/elles | vendent | ont vendu | vendaient | vendront | vendraient | vendent |
| **reflexive verbs** **s'amuser** *to enjoy yourself* | je | m'amuse | me suis amusé(e) | m'amusais | m'amuserai | m'amuserais | m'amuse |
| | tu | t'amuses | t'es amusé(e) | t'amusais | t'amuseras | t'amuserais | t'amuses |
| | il/elle/on | s'amuse | s'est amusé(e)(s) | s'amusait | s'amusera | s'amuserait | s'amuse |
| | nous | nous amusons | nous sommes amusé(e)s | nous amusions | nous amuserons | nous amuserions | nous amusions |
| | vous | vous amusez | vous êtes amusé(e)(s) | vous amusiez | vous amuserez | vous amuseriez | vous amusiez |
| | ils/elles | s'amusent | se sont amusé(e)s | s'amusaient | s'amuseront | s'amuseraient | s'amusent |
| **IRREGULAR VERBS** | | | | | | | |
| **aller** *to go* | je/j' | vais | suis allé(e) | allais | irai | irais | aille |
| | tu | vas | es allé(e) | allais | iras | irais | ailles |
| | il/elle/on | va | est allé(e)(s) | allait | ira | irait | aille |
| | nous | allons | sommes allé(e)s | allions | irons | irions | allions |
| | vous | allez | êtes allé(e)(s) | alliez | irez | iriez | alliez |
| | ils/elles | vont | sont allé(e)s | allaient | iront | iraient | aillent |
| **avoir** *to have* | je/j' | ai | ai eu | avais | aurai | aurais | aie |
| | tu | as | as eu | avais | auras | aurais | aies |
| | il/elle/on | a | a eu | avait | aura | aurait | aie |
| | nous | avons | avons eu | avions | aurons | aurions | ayons |
| | vous | avez | avez eu | aviez | aurez | auriez | ayez |
| | ils/elles | ont | ont eu | avaient | auront | auraient | aient |
| **devoir** *to have to / must* | je/j' | dois | ai dû | devais | devrai | devrais | doive |
| | tu | dois | as dû | devais | devras | devrais | doives |
| | il/elle/on | doit | a dû | devait | devra | devrait | doive |
| | nous | devons | avons dû | devions | devrons | devrions | devions |
| | vous | devez | avez dû | deviez | devrez | devriez | deviez |
| | ils/elles | doivent | ont dû | devaient | devront | devraient | doivent |
| **dire** *to say / to tell* | je/j' | dis | ai dit | disais | dirai | dirais | dise |
| | tu | dis | as dit | disais | diras | dirais | dises |
| | il/elle/on | dit | a dit | disait | dira | dirait | dise |
| | nous | disons | avons dit | disions | dirons | dirions | disions |
| | vous | dites | avez dit | disiez | direz | diriez | disiez |
| | ils/elles | disent | ont dit | disaient | diront | diraient | disent |

| | | PRESENT | PERFECT | IMPERFECT | FUTURE | CONDITIONAL | SUBJUNCTIVE |
|---|---|---|---|---|---|---|---|
| être *to be* | je/j' | suis | ai été | étais | serai | serais | sois |
| | tu | es | as été | étais | seras | serais | sois |
| | il/elle/on | est | a été | était | sera | serait | soit |
| | nous | sommes | avons été | étions | serons | serions | soyons |
| | vous | êtes | avez été | étiez | serez | seriez | soyez |
| | ils/elles | sont | ont été | étaient | seront | seraient | soient |
| faire *to do / to make* | je/j' | fais | ai fait | faisais | ferai | ferais | fasse |
| | tu | fais | as fait | faisais | feras | ferais | fasses |
| | il/elle/on | fait | a fait | faisait | fera | ferait | fasse |
| | nous | faisons | avons fait | faisions | ferons | ferions | fassions |
| | vous | faites | avez fait | faisiez | ferez | feriez | fassiez |
| | ils/elles | font | ont fait | faisaient | feront | feraient | fassent |
| mettre *to put* | je/j' | mets | ai mis | mettais | mettrai | mettrais | mette |
| | tu | mets | as mis | mettais | mettras | mettrais | mettes |
| | il/elle/on | met | a mis | mettait | mettra | mettrait | mette |
| | nous | mettons | avons mis | mettions | mettrons | mettrions | mettions |
| | vous | mettez | avez mis | mettiez | mettrez | mettriez | mettiez |
| | ils/elles | mettent | ont mis | mettaient | mettront | mettraient | mettent |
| pouvoir *to be able to / can* | je/j' | peux | ai pu | pouvais | pourrai | pourrais | puisse |
| | tu | peux | as pu | pouvais | pourras | pourrais | puisses |
| | il/elle/on | peut | a pu | pouvait | pourra | pourrait | puisse |
| | nous | pouvons | avons pu | pouvions | pourrons | pourrions | puissions |
| | vous | pouvez | avez pu | pouviez | pourrez | pourriez | puissiez |
| | ils/elles | peuvent | ont pu | pouvaient | pourront | pourraient | puissent |
| prendre *to take* | je/j' | prends | ai pris | prenais | prendrai | prendrais | prenne |
| | tu | prends | as pris | prenais | prendras | prendrais | prennes |
| | il/elle/on | prend | a pris | prenait | prendra | prendrait | prenne |
| | nous | prenons | avons pris | prenions | prendrons | prendrions | prenions |
| | vous | prenez | avez pris | preniez | prendrez | prendriez | preniez |
| | ils/elles | prennent | ont pris | prenaient | prendront | prendraient | prennent |
| sortir *to go out* | je | sors | suis sorti(e) | sortais | sortirai | sortirais | sorte |
| | tu | sors | es sorti(e) | sortais | sortiras | sortirais | sortes |
| | il/elle/on | sort | est sorti(e)(s) | sortait | sortira | sortirait | sorte |
| | nous | sortons | sommes sorti(e)s | sortions | sortirons | sortirions | sortions |
| | vous | sortez | êtes sorti(e)(s) | sortiez | sortirez | sortiriez | sortiez |
| | ils/elles | sortent | sont sorti(e)s | sortaient | sortiront | sortiraient | sortent |
| venir *to come* | je | viens | suis venu(e) | venais | viendrai | viendrais | vienne |
| | tu | viens | es venu(e) | venais | viendras | viendrais | viennes |
| | il/elle/on | vient | est venu(e)(s) | venait | viendra | viendrait | vienne |
| | nous | venons | sommes venu(e)s | venions | viendrons | viendrions | venions |
| | vous | venez | êtes venu(e)(s) | veniez | viendrez | viendriez | veniez |
| | ils/elles | viennent | sont venu(e)s | venaient | viendront | viendraient | viennent |
| vouloir *to want* | je/j' | veux | ai voulu | voulais | voudrai | voudrais | veuille |
| | tu | veux | as voulu | voulais | voudras | voudrais | veuilles |
| | il/elle/on | veut | a voulu | voulait | voudra | voudrait | veuille |
| | nous | voulons | avons voulu | voulions | voudrons | voudrions | voulions |
| | vous | voulez | avez voulu | vouliez | voudrez | voudriez | vouliez |
| | ils/elles | veulent | ont voulu | voulaient | voudront | voudraient | veuillent |

## PAST PARTICIPLES

These are used in forming compound tenses: perfect, pluperfect, future perfect, conditional perfect, perfect infinitive.

## REGULAR PAST PARTICIPLES

| -er verbs – **é** | -ir verbs – **i** | -re verbs – **u** |
|---|---|---|
| trouver – **trouvé** | finir – **fini** | vendre – **vendu** |

## IRREGULAR PAST PARTICIPLES

| English | infinitive | past participle |
|---|---|---|
| to have | avoir | eu |
| to drink | boire | bu |
| to know | connaître | connu |
| to run | courir | couru |
| to have to | devoir | dû |
| to say | dire | dit |
| to write | écrire | écrit |
| to be | être | été |
| to do | faire | fait |
| to read | lire | lu |
| to put | mettre | mis |
| to die | mourir | mort* |
| to be born | naître | né* |
| to open | ouvrir | ouvert |
| to be able to | pouvoir | pu |
| to take | prendre | pris |
| to receive | recevoir | reçu |
| to know how to | savoir | su |
| to come | venir | venu* |
| to live | vivre | vécu |
| to see | voir | vu |
| to want | vouloir | voulu |

\* These form compound tenses with *être*, not *avoir*.

## VERBS WHICH USE *ÊTRE* TO FORM THE PERFECT TENSE AND OTHER COMPOUND TENSES

| aller | *to go* |
|---|---|
| arriver | *to arrive* |
| descendre | *to go down* |
| devenir | *to become* |
| entrer | *to enter, to go in* |
| monter | *to go up* |
| mourir | *to die* |
| naître | *to be born* |
| partir | *to leave* |
| rentrer | *to go home* |
| rester | *to stay* |
| retourner | *to return, to go back* |
| revenir | *to come back* |
| sortir | *to go out* |
| tomber | *to fall* |
| venir | *to come* |

Also all reflexive verbs.

## FUTURE TENSE ENDINGS

Add these endings to the stem which is the same as the infinitive (for -re verbs remove the final -e first).

| | endings | regarder | choisir | répondre |
|---|---|---|---|---|
| je | **-ai** | regarderai | choisirai | répondrai |
| tu | **-as** | regarderas | choisiras | répondras |
| il/elle/on | **-a** | regardera | choisira | répondra |
| nous | **-ons** | regarderons | choisirons | répondrons |
| vous | **-ez** | regarderez | choisirez | répondrez |
| ils/elles | **-ont** | regarderont | choisiront | répondront |

## VERBS WITH AN IRREGULAR FUTURE STEM

Some key verbs have an irregular future stem, so you need to learn these. The endings are still regular.

| infinitive | future stem | *je* form |
|---|---|---|
| aller | ir- | j'irai |
| avoir | aur- | j'aurai |
| devoir | devr- | je devrai |
| envoyer | enverr- | j'enverrai |
| être | ser- | je serai |
| faire | fer- | je ferai |
| pouvoir | pourr- | je pourrai |
| savoir | saur- | je saurai |
| venir | viendr- | je viendrai |
| voir | verr- | je verrai |
| vouloir | voudr- | je voudrai |
| falloir | faudr- | il faudra |

### INFINITIVE CONSTRUCTIONS

**Examples of verbs followed by the infinitive with no preposition between them**

| | |
|---|---|
| aimer | to like to |
| croire | to believe |
| devoir | to have to |
| espérer | to hope |
| faire | to make, to do |
| falloir | to be necessary |
| laisser | to let |
| oser | to dare |
| penser | to think |
| pouvoir | to be able to |
| préférer | to prefer |
| savoir | to know how to |
| vouloir | to want to |

**Examples of verbs followed by à + infinitive**

| | |
|---|---|
| aider à | to help to |
| apprendre à | to learn to |
| arriver à | to manage to |
| s'attendre à | to expect |
| chercher à | to try to |
| commencer à | to begin to |
| consentir à | to consent to |
| continuer à | to continue to |
| se décider à | to make up one's mind to |
| encourager à | to encourage to |
| enseigner à | to teach to |
| s'habituer à | to get used to |
| s'intéresser à | to be interested in |
| inviter à | to invite to |
| se mettre à | to start |
| obliger à | to force to |
| parvenir à | to succeed in |
| passer du temps à | to spend time + verb |
| penser à | to think of |
| perdre du temps à | to waste time + verb |
| se préparer à | to prepare oneself to |
| renoncer à | to give up |
| réussir à | to succeed in |
| servir à | to serve to, to be useful for, to help to |

**Examples of verbs followed by de + infinitive**

| | |
|---|---|
| accepter de | to agree to |
| accuser de | to accuse (someone of) |
| s'agir de | to be a question of/to be about |
| s'arrêter de | to stop + verb |
| avoir envie de | to feel like + verb |
| avoir peur de | to be afraid of |
| cesser de | to stop |
| choisir de | to choose to |
| conseiller de | to advise to |
| craindre de | to fear to |
| décider de | to decide to |
| défendre de | to forbid to |
| demander de | to ask (someone) to |
| essayer de | to try to |
| éviter de | to avoid + verb |
| s'excuser de | to apologise for |
| finir de | to finish + verb |
| se hâter de | to hurry to |
| manquer de | to fail to |
| mériter de | to deserve to |
| offrir de | to offer to |
| oublier de | to forget to |
| se permettre de | to allow (oneself) to |
| prier de | to beg to |
| promettre de | to promise to |
| proposer de | to suggest + verb |
| refuser de | to refuse to |
| regretter de | to regret + verb |
| rêver de | to dream of |
| se soucier de | to care about |
| se souvenir de | to remember to |
| venir de | to have just |

## Transition
### Articles (page 5)

**1**

**a** La moitié de la France a voté pour le président Hollande.
**b** Je pense que le français est plus difficile que l'allemand.
**c** Le petit déjeuner, le déjeuner et le dîner sont inclus dans le prix.
**d** Il se brosse les dents tous les jours.
**e** Elle a passé une année en Provence où elle a parlé français tout le temps.

**2**

**a3** What an idiot! **b5** She would have liked to become a surgeon. **c1** As mayor, it's your responsibility. **d2** Without any money, life is difficult/tough. **e4** He does not have either a TV or a computer.

**3**

**a** de, des, des, de l', **b** de, **c** de, de, des, des, **d** de

### Adjectives (page 6)

**1a**

a6, b11, c7, d1, e3, f2, g9, h4, i10, j8, k5

**1b**

Students' own answers.

**2a**

beau, bon, gentil, joli, mauvais, méchant, vilain, grand, gros, haut, petit, vaste, jeune, nouveau, vieux, premier

**2b**

Students' own answers.

### Relative pronouns (page 7)

**1**

**a** qu,' **b** où, **c** qui, **d** que, qui, qui, **e** que, où, **f** que, où, **g** qui, **h** qu'

**2**

**a** Les ingrédients dont j'ai besoin pour cette recette sont chers.
**b** Voici le garçon dont je t'ai parlé/dont je vous ai parlé.
**c** Le chien dont elle a peur est énorme.
**d** Mon dentiste, dont je connais le fils, habite près d'ici.
**e** Tu n'as pas le choix. C'est le nouveau modèle, dont la couleur est bleue.

**3**

**a** ce que, **b** ce dont, **c** ce que, ce qu', **d** ce qui, ce qui, **e** ce dont, **f** ce qu', ce dont, **g** ce qui, **h** ce que

### The present tense (page 8)

**1**

**a** joue, **b** attends, **c** commencent, finissent, **d** donne, **e** pose, réponds

**2**

|  | avoir | être | aller | venir | faire |
|---|---|---|---|---|---|
| je/j' | ai | suis | vais | viens | fais |
| tu | as | es | vas | viens | fais |
| il/elle/on | a | est | va | vient | fait |
| nous | avons | sommes | allons | venons | faisons |
| vous | avez | êtes | allez | venez | faites |
| ils/elles | ont | sont | vont | viennent | font |

|  | prendre | dire | mettre | voir |
|---|---|---|---|---|
| je/j' | prends | dis | mets | vois |
| tu | prends | dis | mets | vois |
| il/elle/on | prend | dit | met | voit |
| nous | prenons | disons | mettons | voyons |
| vous | prenez | dites | mettez | voyez |
| ils/elles | prennent | disent | mettent | voient |

**3**

**a** Je ne comprends pas ce que tu dis/vous dites.
**b** Mes parents me permettent de sortir jusqu'à minuit.
**c** Tu vois, j'apprends vite!
**d** Je ne la reconnais pas.
**e** J'admets que j'ai tort.

### The perfect tense (page 9)

**1**

16 infinitives: arriver, partir, aller, venir, entrer, sortir, monter, descendre, naître, mourir, devenir, revenir, tomber, rentrer, retourner, rester
5 irregular past participles: né (*can be found more than once*), devenu, venu, revenu, mort

**2**

**a** Nos filles sont allées en Italie l'année dernière.
**b** Elle s'est levée tôt.
**c** Mes parents se sont intéressés aux monuments anciens.
**d** Elle est née en mille neuf cent quatre-vingt-dix-neuf.
**e** Elle est devenue dentiste.

**3**

**a** had, **b** drunk, **c** done/made, **d** seen, **e** lived, **f** read, **g** had to, **h** known how to, **i** wanted, **j** known, **k** received, **l** put, **m** taken, **n** could/was able to, **o** run, **p** said/told, **q** opened, **r** written, **s** been, **t** understood

**4**

**a** ai achetées, **b** ai mis, **c** ai perdues, **d** ai reçue, **e** a prises

## The imperative (page 10)

**1**

The explanation could be as follows: Use *moi/toi/nous/vous* after the verb in a positive command. If negative, use *me/te/nous/vous* before the verb. Use *le, la, les, lui, leur* after the verb in a positive command but before the verb in a negative command.

**2**

a Ne lui écris pas de lettre! Envoie-lui un mail à la place!
b Suivez-moi! Allons-y!
c Venez nous voir bientôt !
d Ne lui demande pas d'argent!
e Fais ce qu'on te dit! Faites ce qu'on vous dit!

**3**

a Don't be afraid! Go on!
b Don't be stubborn! Listen to what you are told!
c Let's know how to react in case of emergency.
d Go on! Don't be difficult!
e Be careful and get/come home on time!

**4**

a Ne vous asseyez pas!
b Ne nous rencontrons pas devant la poste!
c Ne te couche pas de bonne heure!
d Ne te rase pas la tête!
e Ne vous mettez pas au travail!

**5**

Students' own answers.

## Negatives (page 11)

**1**

Students' own answers.

**2**

a Personne n'a pu sortir.
b Rien n'est arrivé./Rien ne s'est passé./Il ne s'est rien passé.
c Ni mes amis ni moi ne parlons italien.
d Aucun de ses amis n'a de voiture.
e Aucune de leurs chansons n'a été un succès.
f Personne ne nous a vus.

**3**

a Neither he nor his brothers have ever been able to get on with his father.
b She has never done anything at school.
c No one (has) ever told her that she had to go to university.
d He has never sung again.
e He never says anything.
f We never heard about him again.

**4**

a Il préfère ne rien faire.
b Elle a choisi de ne pas se marier.
c Il risque de ne plus la voir.
d Il faut encourager les jeunes à ne jamais commencer à fumer.

## Pronouns (page 12)

**1**

| subject pronouns | reflexive pronouns | direct object pronouns | indirect object pronouns | emphatic pronouns |
|---|---|---|---|---|
| je/j' | me/m' | me/m' | me/m' | moi |
| tu | te/t' | te/t' | te/t' | toi |
| il | se/s' | le/l' | lui | lui |
| elle | se/s' | la/l' | lui | elle |
| nous | nous | nous | nous | nous |
| vous | vous | vous | vous | vous |
| ils | se/s' | les | leur | eux |
| elles | se/s' | les | leur | elles |

**2**

a Elle le rencontre aujourd'hui.
b Contactez-nous par mail./Contacte-nous par mail.
c Demandez-leur!/Demande-leur!
d Nous nous intéressons au sport.
e Il l'a vue hier.
f Il ne nous a pas téléphoné.
g Elle est partie sans moi.
h Tous les cadeaux sont pour eux/elles.

**3**

| 1 | 2 | 3 | 4 | 5 |
|---|---|---|---|---|
| me te se nous vous | le la l' les | lui leur | y | en |

**4**

a Je lui en ai parlé.
b Nous la lui avons envoyée.
c Je ne les y ai pas vus.
d Ils nous en ont empêché.
e Nous le leur avons prêté.

## The imperfect tense (page 13)

**1**

a je pouvais, b ils voulaient, c je devais, d il savait, e j'allais, f j'avais, g ils faisaient, h j'écrivais, i il lisait, j je voyais, k Il connaissait, l je venais, m j'étais, n il y avait

**2**

a Il y avait au moins cinquante mille spectateurs.
b Quand j'étais plus jeune, je jouais au foot tous les samedis.
c Je le connaissais bien.
d Je ne pouvais pas bouger.
e Le ciel était bleu et il faisait du soleil.
f Je savais que j'avais raison.
g Elle faisait un régime.
h J'allais à l'école à pied.

**3**

a J'étais en train de regarder un super film quand il y a eu une panne d'électricité.
b Je venais de finir la vaisselle quand elle est arrivée.
c Si on allait les voir?
d Si j'avais besoin d'argent, je travaillerais tous les week-ends de l'année.
e Ils/Elles venaient de monter dans l'avion quand un retard a été annoncé.
f Je travaillais depuis deux heures quand quelqu'un a frappé à la porte.
g S'il faisait beau, nous pourrions sortir demain.
h Il était en train de tondre/Il tondait la pelouse quand il a commencé à pleuvoir.

## The pluperfect tense (page 14)

**1**

a j'étais devenu(e), b les filles étaient arrivées, c elle avait envoyé, d il avait appris, e il y avait eu, f nous avions voulu, g nous étions tombé(e)s, h j'avais pu i le train était parti, j il avait fait

**2**

a S'ils étaient arrivés plus tôt …
b Si elle était allée à l'université …
c Si on avait acheté des billets …
d S'il s'était levé à l'heure …

**3**

Students' own answers.

**The future tense (page 15)**

**1**

| infinitive | future stem | *je* future tense | English |
|---|---|---|---|
| aller | ir- | j'irai | I will go |
| avoir | aur- | j'aurai | I will have |
| devoir | devr- | je devrai | I will have to |
| envoyer | enverr- | j'enverrai | I will send |
| être | ser- | je serai | I will be |
| faire | fer- | je ferai | I will do |
| pouvoir | pourr- | je pourrai | I will be able to |
| savoir | saur- | je saurai | I will know how to |
| venir | viendr- | je viendrai | I will come |
| voir | verr- | je verrai | I will see |
| vouloir | voudr- | je voudrai | I will want |

**2**

a je deviendrai, b il y aura, c elle reviendra, d il refera,
e nous renverrons

**3**

Demain, il y aura du brouillard dans le nord. Par contre, dans le sud, il fera beau mais le vent soufflera. La pluie tombera dans la région parisienne et les nuages persisteront aussi en Bretagne. La chaleur reviendra dans le centre mais la soirée sera fraîche. Les températures seront en baisse en Normandie. La Corse, cependant, restera ensoleillée et les températures continueront de monter.

**4**

Tick all the words and phrases except *hier, le mois dernier, il y a deux ans* and *récemment*.

**The conditional (page 16)**

**1**

a je serais, b ils/elles pourraient, c il aurait, d nous ferions, e il y aurait

**2**

a3, b4, c1, d2, e5

**3**

Students' own answers.

**4**

Students' own answers.

**The conditional perfect (page 17)**

**1**

a j'aurais été, b il y aurait eu, c j'aurais eu, d je serais allé(e),
e elle se serait réveillée, f j'aurais dû, g nous aurions pu,
h ils seraient venus, i j'aurais fait, j il aurait vu, k il aurait fallu,
l il aurait mieux valu

**2**

a aurais pu; You could have told me. b auraient dû; They should have thought of it/that. c auraient fait; If they had had enough money, they would have gone on a world tour/gone round the world. d se serait levée; If she had gone to bed earlier, she would have got up on time.

**3**

Possible answers include: a Moi, j'aurais pris des médicaments.
b Moi, je ne me serais pas disputé(e) avec mes parents/j'aurais parlé avec mes parents pour les persuader qu'il était normal que je sorte le soir.
c Moi, j'aurais pris des leçons et j'aurais accepté l'offre. d Moi, je me serais plaint(e) tout de suite.

**The subjunctive (page 18)**

**1**

| | regarder | finir | répondre |
|---|---|---|---|
| que je | regarde | finisse | réponde |
| que tu | regardes | finisses | répondes |
| qu'il/elle | regarde | finisse | réponde |
| que nous | regardions | finissions | répondions |
| que vous | regardiez | finissiez | répondiez |
| qu'ils/elles | regardent | finissent | répondent |

**2**

Underline: finisses, arrivent, rentres, travaille, réussisse, vienne

a  I want you to finish your homework.
b  I don't think they'll arrive on time.
c  You have to be back home before midnight.
d  Although he works hard, I don't believe that he will pass his exams.
e  I would like him to come and see us.

**3**

a doive, b prenne, c reçoive, d écrive, e vienne, f devienne,
g revienne, h comprenne, i prenne, j apprenne, k connaisse, l lise

**4**

| | aller | avoir | être | faire |
|---|---|---|---|---|
| que je/j' | aille | aie | sois | fasse |
| que tu | ailles | aies | sois | fasses |
| qu'il/elle/on | aille | ait | soit | fasse |
| que nous | allions | ayons | soyons | fassions |
| que vous | alliez | ayez | soyez | fassiez |
| qu'ils/elles | aillent | aient | soient | fassent |

| | pouvoir | savoir | vouloir |
|---|---|---|---|
| que je/j' | puisse | sache | veuille |
| que tu | puisses | saches | veuilles |
| qu'il/elle/on | puisse | sache | veuille |
| que nous | puissions | sachions | voulions |
| que vous | puissiez | sachiez | vouliez |
| qu'ils/elles | puissent | sachent | veuillent |

**5**

a lise, b ait, c prennes, d viennent, e devienne

**The perfect subjunctive (page 19)**

**1**

a I don't think that he has revised enough.
b I am not sure that she went out.
c Although you bought five lottery tickets this week, you didn't win/you haven't won.
d I doubt that they went to the cinema without their friends.
e I don't believe that she has received my email.

**2**

a elles aient vu, b il y ait eu, c vous ayez fait, d ils aient été,
e j'aie pu, f tu aies voulu, g nous nous soyons couché(e)s, h il ait compris,
i vous soyez revenu(e)(s), j elle ait connu

**3**

a soit, b aient, c ait, d soient, e ayons

**4**

Students' own answers.

**Tenses of regular and irregular verbs (page 20)**

**1**

b  the *ils/elles* form of the present tense without the *-ent.*
c  the infinitive for *-er* and *-ir* verbs. For *-re* verbs, the infinitive without the final *-e.*
d  the same as in c.
f  -is, -is, -it, -issons, -issez,-issent
g  -s, -s, –, -ons, -ez, -ent
h  -ais, -ais, -ait, -ions, -iez, -aient
i  -e, -es, -e, -ions, -iez, -ent

**j**  -ai, -as, -a, -ons, -ez, -ont
**k**  -ais, -ais, -ait, -ions, -iez, -aient (the same as in h)
**l**  imperfect, future, conditional
**n**  the imperfect tense of *avoir* or *être* and a past participle.
**o**  the conditional of *avoir* or *être* and a past participle.

**2**

| infinitive | present | perfect | imperfect | pluperfect | future | conditional | conditional perfect | subjunctive |
|---|---|---|---|---|---|---|---|---|
| avoir | j'ai | j'ai eu | j'avais | j'avais eu | j'aurai | j'aurais | j'aurais eu | j'aie |
| être | je suis | j'ai été | j'étais | j'avais été | je serai | je serais | j'aurais été | je sois |
| aller | je vais | je suis allé(e) | j'allais | j'étais allé(e) | j'irai | j'irais | je serais allé(e) | j'aille |
| venir | je viens | je suis venu(e) | je venais | j'étais venu(e) | je viendrai | je viendrais | je serais venu(e) | je vienne |
| pouvoir | je peux | j'ai pu | je pouvais | j'avais pu | je pourrai | je pourrais | j'aurais pu | je puisse |
| devoir | je dois | j'ai dû | je devais | j'avais dû | je devrai | je devrais | j'aurais dû | je doive |
| savoir | je sais | j'ai su | je savais | j'avais su | je saurai | je saurais | j'aurais su | je sache |
| vouloir | je veux | j'ai voulu | je voulais | j'avais voulu | je voudrai | je voudrais | j'aurais voulu | je veuille |
| faire | je fais | j'ai fait | je faisais | j'avais fait | je ferai | je ferais | j'aurais fait | je fasse |
| prendre | je prends | j'ai pris | je prenais | j'avais pris | je prendrai | je prendrais | j'aurais pris | je prenne |
| écrire | j'écris | j'ai écrit | j'écrivais | j'avais écrit | j'écrirai | j'écrirais | j'aurais écrit | j'écrive |
| dire | je dis | j'ai dit | je disais | j'avais dit | je dirai | je dirais | j'aurais dit | je dise |
| recevoir | je reçois | j'ai reçu | je recevais | j'avais reçu | je recevrai | je recevrais | j'aurais reçu | je reçoive |
| voir | je vois | j'ai vu | je voyais | j'avais vu | je verrai | je verrais | j'aurais vu | je voie |
| connaître | je connais | j'ai connu | je connaissais | j'avais connu | je connaîtrai | je connaîtrais | j'aurais connu | je connaisse |
| boire | je bois | j'ai bu | je buvais | j'avais bu | je boirai | je boirais | j'aurais bu | je boive |
| mettre | je mets | j'ai mis | je mettais | j'avais mis | je mettrai | je mettrais | j'aurais mis | je mette |
| envoyer | j'envoie | j'ai envoyé | j'envoyais | j'avais envoyé | j'enverrai | j'enverrais | j'aurais envoyé | j'envoie |
| lire | je lis | j'ai lu | je lisais | j'avais lu | je lirai | je lirais | j'aurais lu | je lise |

### Mixed practice (page 21)

**1**

**a** fasse, **b** avais, aimais, **c** gagnais, achèterais, **d** sache, fume, **e** serai, me marierai

**2**

**a** Il aimerait qu'elle ait une nouvelle voiture.
**b** Nous verrons ce que nous pouvons faire.
**c** J'ai acheté tout ce dont nous avons besoin.
**d** Il avait beaucoup de vieux meubles.
**e** S'il faisait beau, nous pourrions aller à la plage.

**3**

| present | future | past participle | conditional | subjunctive |
|---|---|---|---|---|
| conduis | verrons | permis | mangerions | admette |
| veux | pourrons | vendu | deviendraient | aille |
| perds | croira | surpris | essaierait | sois |

**4**

Students' own answers.

## Topic 1

### The passive – present and past tenses (page 22)

**1**

**a** *A hundred new cases were detected this year.* Cent nouveaux cas ont été détectés cette année.
**b** *The audience was hypnotised.* Le public a été hypnotisé.
**c** *The environment had been polluted.* L'environnement avait été pollué.
**d** *We have been asked to recycle as much as possible.* On nous a demandé de recycler autant que possible.
**e** *We were told to stay at home.* On nous a dit de rester à la maison.

**2**

**a** Elle a été agressée par deux hommes.
**b** Ils ont été construits par les Romains.
**c** Nous avons été envahis par les Normands.
**d** L'appartement a été vendu par l'agence.
**e** Il n'a pas été reconnu par ses anciens amis.

**3**

**a** 1 Cette lettre a été envoyée hier. 2 On a envoyé cette lettre hier.
**b** 1 Ce livre est mal écrit. 2 On a mal écrit ce livre.
**c** 1 Les poubelles ont été vidées. 2 On a vidé les poubelles.
**d** 1 (passive not an option) 2 On lui a donné de l'argent.
**e** 1 La voiture avait été réparée. 2 On avait réparé la voiture.

**4**

Students' own answers.

### Modal verbs (page 23)

**1**

| | present | imperfect | perfect | pluperfect | future | conditional | subjunctive |
|---|---|---|---|---|---|---|---|
| pouvoir | je peux | vous pouviez | nous avons pu | tu avais pu | il pourra | on pourrait | elle puisse |
| devoir | elles doivent | tu devais | vous avez dû | on avait dû | nous devrons | je devrais | il doive |
| savoir | tu sais | je savais | ils ont su | vous aviez su | on saura | nous saurions | elles sachent |
| vouloir | elles veulent | on voulait | il a voulu | nous avions voulu | je voudrai | vous voudriez | tu veuilles |

**2**

**a** Elle devait le faire.
**b** Ils devraient venir.
**c** Tu as dû le savoir.
**d** Vous devez me l'envoyer.
**e** Ils ne doivent pas s'en rendre compte.

**3**

**a** Nous devrions utiliser les transports publics plus souvent.
**b** Tu pourrais lui téléphoner.
**c** Ils/Elles auraient dû arrêter de fumer.
**d** Il n'aurait pas dû le faire.
**e** Vous auriez pu avoir un accident.

**4**

**a** pouvait; If he could do it, he would.
**b** sache; He should know what he wants.
**c** veuillent; I don't think they want to come and see us.
**d** puissions; Although we can't go to the stadium, we can watch the match on TV.
**e** savait; No one knew who had committed the crime.

## When to use the subjunctive (page 24)

**1**

Possible answers include: content, heureux, déçu, ravi, surpris, étonné, choqué, triste, mécontent, consterné

**2**

Students' own answers.

**3**

Possible answers include: il est important, il est étonnant, il est impératif, il est essentiel, il est amusant, il est possible, il est impossible, il est difficile, il est facile, il est primordial, il est surprenant

**4**

Students' own answers.

## More about the conditional and conditional perfect (page 25)

**1**

a   S'il avait mis un pull, il n'aurait pas attrapé froid.

b   Si elle s'était levée plus tôt, elle serait arrivée au travail à l'heure.

c   Si nous avions eu le temps, nous aurions fait les courses.

d   S'ils avaient fait du sport, ils auraient été en meilleure santé.

e   Si elle avait vendu sa voiture, je crois que je l'aurais achetée.

**2**

Students' own answers.

**3**

a   Nous aurions sans doute pu la vendre.

b   Il aurait mieux valu qu'elle y aille.

c   Il l'aurait peut-être donné à son frère.

d   Il aurait bien aimé y jouer.

e   Elle s'y serait sûrement intéressée.

## Verbs followed by an infinitive (page 26)

**1**

a   Elle apprend à conduire.

b   Il a oublié de lui téléphoner.

c   Elle est arrivée à trouver la solution.

d   A leur âge, ils ont le droit de voter.

e   Il a arrêté de fumer.

**2**

a   Elle a essayé de l'encourager à faire du sport.

b   Il a choisi de continuer à faire des études.

c   Elle a peur d'oublier de le faire.

d   Il a envie d'arrêter de boire de l'alcool.

e   Elles ont décidé d'essayer de perdre du poids.

**3**

a   Elle fait nettoyer son appartement toutes les semaines.

b   Ils ont fait construire une maison.

c   Nous ferons couper cet arbre.

d   J'ai fait faire une terrasse.

e   Si nous avions eu assez d'argent, nous l'aurions fait faire.

## Interrogative pronouns (page 27)

**1a**

a who, b what, c where, d when, e how, f how many/how much, g why, h what, i who, j what, k what/which, l which one, m to what extent, n how long

**1b**

a   as example

b   *qu'est-ce que* is followed by a subject then a verb.

c   *quoi* is used after a preposition, e.g. *avec quoi.*

d   *quel* is attached to a noun, e.g. *quelle heure* or is followed by the verb *être* and refers to a noun, e.g. *quel est le problème?*

**2**

a   Le problème va durer combien de temps?
    Combien de temps le problème va-t-il durer?
    Combien de temps va durer le problème?

b   Nous y trouverons une solution quand?
    Quand y trouverons-nous une solution?
    Quand est-ce que nous y trouverons une solution?

c   Tu as quelles idées en ce qui concerne la protection de l'environnement?
    Quelles idées as-tu en ce qui concerne la protection de l'environnement?
    Quelles idées est-ce que tu as en ce qui concerne la protection de l'environnement?

d   Tu vas où pour recycler tes bouteilles?
    Où vas-tu pour recycler tes bouteilles?
    Où est-ce que tu vas pour recycler tes bouteilles?

**3**

a duquel, b auxquelles, c desquels, d auquel, e auxquelles

**4**

Students' own answers.

## More about when to use the subjunctive (page 28)

**1**

| fear | regret | possibility |
|---|---|---|
| j'ai peur que | je regrette que | il se peut que |
| je crains que | il est dommage que | il se pourrait que |
|  | j'ai honte que | il est possible que |

**2**

Students' own answers.

**3**

a avant qu', b de façon que, c sans qu,' d pour qu'/afin qu', e après qu'

**4**

Students' own answers.

## The immediate future and the future tense (page 29)

**1**

a   Je vais avoir dix-huit ans cette année.

b   Il va faire du vent demain.

c   Il va y avoir des problèmes.

d   Tu vas avoir froid.

e   Ils/Elles vont devoir recycler davantage.

**2**

a   J'aurai dix-huit ans cette année.

b   Il fera du vent demain.

c   Il y aura des problèmes.

d   Tu auras froid.

e   Ils/Elles devront recycler davantage.

**3a**

Tick: demain, cet après-midi, la semaine prochaine, ce soir, après-demain, samedi prochain

**3b**

Students' own answers.

**4**

Students' own answers.

## More about negatives (page 30)

**1**

a   Ils ne sont pas allés en vacances en Bretagne cette année.

b   On n'a rien fait d'intéressant ce week-end.

c   Je n'ai rencontré personne.

d   Alain n'a jamais aimé jouer au foot.

e   Elise n'a jamais rien fait de son temps libre.

**2**

a   Elle a choisi de ne pas continuer ses études.

b   Il est dommage de ne rien faire.

c   Il a décidé de ne plus manger de viande.

d   Elle lui a dit de ne jamais revenir.

e   Il est important de ne déranger personne.

**3**

a   Tu ne joues plus de la trompette?

b   Quel sport n'a-t-il jamais pratiqué?

c   Pourquoi est-ce qu'ils n'ont plus jamais téléphoné?

d   N'a-t-il rencontré personne en ville?

e   Il n'y a rien d'intéressant à voir ici?

**4**

Students' own answers.

*depuis* and *venir de* with the imperfect (page 31)

**1**
a Nous venions/On venait de rentrer …
b Il venait d'acheter une voiture …
c Elle venait de finir ses devoirs …
d Je venais de m'asseoir …
e Nous venions de faire réparer la voiture …

**2**
a He used to come and see us regularly.
b They came/were coming from a faraway country.
c She often used to come and see me.
d He had just passed his exam.
e She had just finished her meal.
f He had just turned twenty.
g I had just been sent an email.

**3**
a He had been playing football for five years when he broke his leg.
b She had been smoking for a long time when she got lung cancer.
c We had been watching TV for five minutes when there was a power cut.
d He had always been interested in sport.
e He had been doing his homework since midday/12pm/12 o'clock when his brother disturbed him.

**4**
Students' own answers.

## Mixed practice (pages 32–33)

**1**
a we could have, b we were told/they told us, c you are asked not to, d they were given/they gave them, e I had … done, f I am going to go

**2**
Students' own answers.

**3a**
a5, b8, c3, d7, e9, f2, g10, h4, i6, j1

**3b**
Students' own answers.

**4**
a aurait fait, b serait, c prenne, d attendait, e aura

**5**
a Elle l'a encouragé à jouer au foot.
b Il a essayé de ne pas avoir peur.
c Elle refuse d'apprendre à conduire.
d Ils auraient pu l'embaucher.
e Je veux que tu arrêtes de te disputer avec ta sœur.

**6**
Students' own answers.

**7**
a Je ne pense pas qu'il soit sympa.
b Je ne crois pas qu'elle ait raison.
c Je ne suis pas sûr qu'il fasse son lit tous les jours.
d Je ne suis pas certain qu'elle veuille réussir à ses examens.

**8**
a On a envisagé cette solution.
b Sans son intervention, on n'aurait pas résolu le problème.
c On n'a pas vendu sa maison.
d On n'apprécie pas assez leur aide.

## Test yourself (pages 34–35)

Sample translations:

**1**
Le réchauffement de la terre n'est pas un nouveau phénomène. Au fil des siècles, il y a eu des périodes durant lesquelles la terre s'est refroidie, et d'autres durant lesquelles elle s'est réchauffée. Il est clair que, dans les vingt dernières années, le monde a ressenti des changements de climat. Bien que beaucoup de gens soient convaincus que le réchauffement actuel est quelque chose de permanent et d'irréversible, l'évidence semble indiquer le contraire. Les météorologues ont maintenant tendance à être d'accord que la période de réchauffement actuelle est finie, et en ce qui concerne les températures mondiales, on devrait s'attendre à une période de stabilité.

**2**
L'immigration est devenue un problème qui concerne beaucoup de gens depuis que les pays membres de l'Union européenne ont pris la décision collective que leurs citoyens devraient être libres de voyager ou de s'installer dans n'importe quel pays de l'Union européenne de leur choix. Certains voulaient échapper à la pauvreté et ont choisi d'émigrer à la recherche d'un travail. Ceux qui n'ont pas réussi à trouver du travail sont soit rentrés chez eux soit se contentent d'une vie à l'étranger tout en étant au chômage. Les gens du coin ne sont pas contents qu'on ait donné des emplois à des étrangers. La décision de l'Union européenne de donner le droit à ses citoyens de travailler n'importe où en Europe semble avoir créé des problèmes qui n'avaient pas été envisagés.

**3**
Pour les pays qui s'intéressent au développement des énergies renouvelables, il existe de nos jours de réelles possibilités telles que l'hydro-électricité, l'énergie solaire et l'énergie éolienne. Bien que le gouvernement français semble vouloir continuer à développer son programme d'énergie nucléaire, il y a d'autres pays européens qui préfèrent une politique énergétique plus consciente de son impact sur l'environnement. Il est évident qu'habiter près d'une centrale nucléaire est dangereux. De plus, il y a le problème des déchets nucléaires. Que pouvons-nous en faire? Il est temps que l'Europe se mette d'accord sur une politique énergétique qui met la protection de l'environnement au premier plan.

**4**
Bien que l'homosexualité ait toujours existé, la société a commencé à mieux l'accepter récemment. Il y a cependant des aspects de la vie où la discrimination continue. Par exemple en France, n'importe qui, qu'il (ou elle) soit gay ou hétérosexuel(le), peut se pacser / vivre en union civile, ce qui est reconnu par la loi. Pourtant, dans certains pays, si les partenaires sont gay, la loi ne leur permet pas encore de se marier si c'est ce qu'ils veulent. Pourquoi pas? Dans quel sens est-ce qu'un PACS / une union civile est différent(e) d'un mariage? Si nous ne voulons pas être considérés comme une société intolérante, nous allons devoir trouver des réponses à de telles questions.

**5**
Bien que le nombre de voitures sur nos routes ait augmenté de manière régulière pendant les cinquante dernières années, des progrès ont été faits en ce qui concerne les émissions de gaz toxiques. Tous les véhicules continuent à / de contribuer à la pollution de l'air, mais cela pourrait être pire! La pollution industrielle par contre reste un grave problème, et dans certaines régions du pays, la qualité de l'air que les gens respirent se détériore. L'industrie est aussi parfois responsable de la pollution de nos rivières et les poissons meurent par milliers. Il est impératif que nous résolvions ces problèmes maintenant afin que les nouvelles générations puissent jouir d'une bonne qualité de vie.

**6**
Malheureusement, le racisme est bien vivant. On entend régulièrement parler d'incidents qui montrent que certains d'entre nous ont des tendances racistes. Récemment, à un match de foot, on a filmé des gens en train de se conduire d'une manière particulièrement raciste. Il y avait des spectateurs qui sifflaient chaque fois que certains joueurs qui appartenaient à l'équipe des visiteurs touchaient le ballon. Ceci n'a pas été un incident isolé car depuis, plus ou moins les mêmes images ont été montrées à la télé dans d'autres pays européens. Il y a certainement des leçons à apprendre de tels incidents. Espérons que la société soit assez mûre pour s'en rendre compte.

## Topic 2
### Numbers (page 36)

**1**
a soixante et onze, b quatre-vingt-un, c quatre-vingt-onze,
d quatre-vingt-quatorze, e deux cent cinq, f deux mille treize,
g quatre-vingt-dix-neuf, h cinq cent mille, i six millions

**2**
a la moitié, cinquante pour cent
b un cinquième, vingt pour cent
c les trois quarts, soixante-quinze pour cent
d les deux tiers, soixante-six pour cent
e un dixième, dix pour cent
f un vingtième, cinq pour cent.

**3**

Students' own answers.

**4**

Students' own answers.

**5**

**a** les cinq dernières années, **b** les trois premiers mois, **c** les deux dernières semaines, **d** les quelques premiers jours, and students' own answers for the complete sentences.

## The future perfect (page 37)

**1**

a  J'aurai fini de lire mon livre avant le week-end.

b  Ils/Elles auront fait le travail avant la fin du mois.

c  Elle aura vendu sa voiture avant vendredi.

d  Je suis sûr qu'il aura oublié ses clés!

e  Nous serons parti(e)s avant neuf heures.

f  Ils/Elles seront arrivé(e)s avant midi.

**2**

a  They will buy him a car when he has passed his driving test.

b  She will breathe better as soon as she has stopped smoking.

c  He will be paid when he has signed the contract.

d  They will be told/We'll tell them what happened when they have got up.

**3**

a  Je crois qu'il ne les aura pas faites ce matin.

b  J'espère qu'ils ne les auront pas invitées.

c  Je sais bien que tu ne les auras pas attendus.

d  Je suppose qu'il ne l'aura pas activée.

e  Ne les auras-tu pas finies à temps?

**4**

Students' own answers.

## Direct and indirect speech (page 38)

**1**

a  Ils ont déclaré qu'ils passeraient Noël à la maison cette année.

b  Elle a avoué qu'elle avait fait une erreur.

c  Elle a répondu qu'elle finissait à cinq heures.

d  Il a dit qu'il allait rentrer tard ce soir.

e  Ils ont annoncé qu'ils se marieraient en septembre.

**2**

a  Il a dit qu'il le/la/me verrait samedi.

b  Elle a déclaré qu'elle ne voulait plus le/la/me voir.

c  Ils ont promis qu'ils lui/leur/nous écriraient.

d  Elle a remarqué qu'il/elle n'avait pas fait ses devoirs/Elle a remarqué que je n'avais pas fait mes devoirs.

e  Elles ont dit qu'elles allaient y rencontrer leurs amies.

**3**

a  Le professeur a dit aux élèves de faire leurs devoirs tous les soirs.

b  Il leur a aussi dit de ne pas jeter de papiers par terre.

c  Luc a dit à son frère d'aller en ville tout seul.

d  Son frère lui a répondu de ne pas se fâcher.

e  Leur mère leur a dit de ne pas se disputer.

## Conjunctions (page 39)

**1a**

**a** mais, **b** par contre, **c** pourtant, **d** vu que, **e** puis, **f** tout de même, **g** de plus, **h** bien sûr, **i** de toute façon, **j** finalement

**1b**

**a** pourtant, **b** parce que, **c** donc, **d** en fait, **e** puis, **f** de toute façon, **g** tout de même, **h** d'abord, **i** enfin

**1c**

a8, b1, c10, d2, e4, f7, g5, h9, i6, j3

**2 and 3**

Students' own answers.

## Demonstrative pronouns (page 40)

**1**

a  'Quelles fleurs préférez-vous?' 'Celles-ci.'

b  'Cette robe est beaucoup plus jolie que celle-là.'

c  'Quel portable recommandez-vous?' 'Celui-ci ou celui-là?'

d  'Quelles photos veux-tu?' 'Celle-ci, celle-là et celles-là, s'il te plaît.'

e  'Avez-vous des sacs en cuir?' 'Oui, nous avons ceux-ci en noir et ceux-là en marron.'

**2**

**a** celle de, **b** celle où, **c** celui d', **d** Celui où, **e** Ceux de, **f & g** Students' own answers.

**3**

**a** Celui qu', **b** Celles que, **c** Ceux dont, **d** Celle qui, **e** celui que, **f** Celles dont, **g** Ceux qu', **h** celui qui

## Relative pronouns with prepositions (page 41)

**1**

**a** De qui, **b** De quoi, **c** A qui, **d** avec qui

**2**

**a** auxquelles, **b** duquel, **c** auquel, **d** auxquels, **e** laquelle, **f** desquels, **g** à laquelle, **h** auxquels

**3**

a  A quoi penses-tu?

b  A qui parles-tu?

c  C'est le club auquel il va toutes les semaines.

d  C'est la raison pour laquelle ils/elles ne sont pas arrivé(e)s à l'heure.

e  Desquels/Desquelles avez-vous entendu parler?

f  Le mur contre lequel il s'appuie n'est pas solide.

g  La maison dans laquelle ils/elles habitent est près d'ici.

h  Il a laissé ses lunettes, sans lesquelles il ne peut pas lire, chez son fils.

**4**

Students' own answers.

## Possessive pronouns (page 42)

**1**

|        | masc. sing. | fem. sing. | masc. pl. | fem. pl. |
|--------|-------------|------------|-----------|-----------|
| mine   | le mien     | la mienne  | les miens | les miennes |
| yours  | le tien     | la tienne  | les tiens | les tiennes |
| his    | le sien     | la sienne  | les siens | les siennes |
| hers   | le sien     | la sienne  | les siens | les siennes |
| ours   | le nôtre    | la nôtre   | les nôtres | les nôtres |
| yours  | le vôtre    | la vôtre   | les vôtres | les vôtres |
| theirs | le leur     | la leur    | les leurs | les leurs |

**2**

**a** C'est le mien. **b** C'est le leur. **c** C'est le sien. **d** Ce sont les leurs. **e** C'est le tien.

**3**

a  Ce vélo n'est pas le mien. C'est le sien.

b  Cette maison n'est pas la leur. C'est la mienne.

c  Ces fleurs ne sont pas les miennes. Ce sont les leurs.

d  J'ai trouvé un portefeuille mais ce n'est pas le sien. Est-ce que c'est le tien?

e  La voiture rouge? C'est celle de mes parents. Ce n'est pas la mienne.

**4**

Students' own answers.

## The perfect subjunctive (page 43)

**1**

Any 15 of the following: avant que, après que, bien que, quoique, afin que, pour que, de façon que, sans que, il est important que, il est essentiel que, il est capital que, il est impératif que, je veux que, je voudrais que, je préfère que, je crains que, je ne pense pas que, je ne crois pas que, je doute que, il est possible que, il se peut que, je regrette que, je suis désolé/content/ravi/déçu que

**2**

**a** Je ne crois pas qu'ils soient partis en vacances.

**b** Je ne suis pas certaine qu'il ait appris à conduire.

**c** Je ne suis pas convaincu que nous ayons trouvé la solution à ce problème.

**d** Je ne suis pas sûre qu'elle soit devenue dentiste.

**3**

**a** Je suis désolé(e)/ Je regrette que mes parents ne soient pas venus.

**b** Il se peut qu'elle ne se soit pas réveillée.

**c** Bien qu'on n'ait pas pu sortir, on a passé de bonnes vacances.

**d** Je suis content(e) que l'ouragan n'ait pas endommagé leur maison.

**e** Je suis surpris(e) qu'ils/elles n'aient pas téléphoné.

**4**

Students' own answers.

## The past historic (page 44)

**1**

**a** he could, **b** they were, **c** they saw, **d** they came, **e** he had, **f** she did/made, **g** he read, **h** she put, **i** she knew, **j** he kept quiet, **k** he was born, **l** they admitted

**2**

a8, b10, c3, d11, e2, f9, g12, h6, i1, j4, k7, l5

**3**

Students' own answers. Possible answers include:

**a** Il mourut en 1891.

**b** Elle écrivit deux romans et une autobiographie.

**c** Le 19 juillet 1870, la France déclara la guerre à la Prusse.

**d** François Mitterrand fut élu président de la République française en 1981.

**e** Le poète Charles Baudelaire naquit à Paris en 1821.

## Agreement with preceding direct objects (page 45)

**1**

**a** Ses parents? Oui, il les a vus hier.

**b** Celles que tu as choisies sont belles.

**c** La maison qu'ils ont fait construire coûte cher.

**d** Les criminels qu'on a arrêtés sont maintenant en prison.

**e** Je pense que la cathédrale que nous avons visitée était superbe.

**f** Tes cousins? Je les ai rencontrés.

**g** Où sont mes clés? Je crois que je les ai perdues.

**h** Les poèmes qu'elle a écrits sont très bien.

**2**

**a** S'il avait su que c'était loin, il l'aurait prise.

**b** Quand elle les aura finis, elle sortira.

**c** Ils l'ont toujours adorée.

**d** Grâce à Internet, il l'a finalement rencontrée.

**e** Elle les a toujours bien habillés.

**3**

**a** Il l'a attendue à l'arrêt d'autobus.

**b** Je pense qu'il l'a rencontrée.

**c** Les cadeaux qu'elle a achetés pour Noël étaient en solde.

**d** Les gens qu'il a aidés sont très contents.

**e** Les livres qu'il a recommandés sont très intéressants.

**4**

Students' own answers.

## Mixed practice (pages 46–47)

**1**

| conjunctions | cependant | car | puis | alors |
|---|---|---|---|---|
| numbers | cent | mille | soixante | vingt |
| possessive pronouns | mien | tien | sien | leurs |
| demonstrative pronouns | celui | celle | ceux | celles |
| relative pronouns | qui | que | quoi | dont |
| prepositions | avec | sans | pour | devant |
| direct object pronouns | les | nous | vous | la |
| subjunctive forms of *avoir* | aie | aies | ayons | ayez |
| subjunctive forms of *être* | sois | soit | soyez | soient |
| verbs in the past historic | partirent | vit | alla | firent |

**2**

Students' own answers.

**3**

**a** Elles l'ont vu. **b** Nous l'avons rencontrée. **c** Ils ne l'ont pas remarquée. **d** Elles les ont connu(e)s. **e** Ils ne l'ont pas réveillée.

**4**

**a** celui de, le sien, **b** celle de, la leur, **c** ceux de, les siens, **d** ceux de, les leurs, **e** celles de, les miennes

**5**

**a** Il a dit qu'il faisait ce qu'il pouvait.

**b** Elle a expliqué à son mari que, de toute façon, leur fils ferait ce qu'il voudrait.

**c** Il a annoncé qu'il en avait encore pour deux jours mais que tout serait fini vendredi.

**d** Elle lui a dit qu'elle regrettait mais qu'elle ne pouvait pas le/la payer avant lundi.

**e** Il a répondu que ça n'avait pas d'importance.

**6**

**a** pour laquelle, **b** auquel, **c** à quoi/à qui, **d** de quoi/de qui/à qui, **e** sans lesquels

**7**

Students' own answers.

## Test yourself (pages 48–49)

Sample translations:

**1**

De nos jours, tout le monde est conscient de l'importance de la protection de notre planète. On recycle tout ce qu'on peut, on s'occupe des espèces menacées et on essaie de ne pas polluer notre environnement. Quand on a besoin de se déplacer, on utilise les transports en commun ou on fait du co-voiturage. Si la distance est courte, on va à sa destination à pied ou à vélo. Au moins, on sait que c'est ce qu'on devrait faire! Nous avons tous de bonnes intentions mais une volonté et une mémoire qui peuvent parfois être insuffisantes. Toutefois, pourvu qu'on continue à essayer de sauver notre planète, elle sera encore là pour les générations futures.

**2**

Depuis plusieurs décennies, les Etats-Unis sont la plus grande puissance économique du monde. Leur règne, toutefois, est presque fini. La Chine est la nouvelle super-puissance qui est sur le point de remplacer les Etats-Unis au classement des puissances économiques. Comment est-ce que la Chine a pu se transformer si radicalement durant les trente dernières années? Il semblerait que la Chine ait décidé de faire du commerce avec le reste du monde et ait vendu les marchandises qu'elle a produites à des prix très compétitifs, comparés à ceux des autres pays industrialisés. Cela explique en grande partie leur énorme succès économique.

**3**

Recycler autant que possible est maintenant devenu la norme pour beaucoup de gens. Nous savons tous que c'est une des manières dont nous pouvons aider à protéger l'environnement. Nous recyclons le verre, le carton, les vêtements, le papier et beaucoup d'autres produits. Pour nous rappeler l'importance du recyclage, il y a des centres de recyclage et des points de recyclage sur les parkings par exemple. De plus, les municipalités ramassent régulièrement les produits recyclables que nous avons chez nous. A condition que nous soyons prêts à accepter notre responsabilité individuelle et à jouer notre rôle en ce qui concerne le projet de recyclage, le résultat ne peut qu'être bénéfique à l'environnement.

**4**

L'avion est un moyen de transport qu'on utilise plus que jamais. Pour des trajets de longue distance, il est moins cher que les autres moyens de transport. De plus, il n'y a aucun doute qu'il nous emmène à notre destination plus rapidement. Comme de plus en plus d'avions sont nécessaires pour satisfaire les exigences du public, on a besoin de construire de nouveaux aéroports. Les aéroports sont toujours situés à quelques kilomètres des centres-villes. Cependant, comme la population grandit, les villes s'étalent et il devient inévitable de construire de nouveaux lotissements à proximité des aéroports. Etant donné ce que nous savons sur la pollution de l'air et la pollution sonore, la situation géographique des futurs aéroports est un problème qu'il faut maintenant résoudre.

**5**

Les exclus sociaux sont souvent économiquement et socialement vulnérables. L'exclusion sociale peut arriver à n'importe qui. La pauvreté est un des facteurs clés de l'exclusion. La perspective du chômage est une préoccupation où que nous habitions. Il se peut que ceux qui perdent leur emploi n'en trouvent pas d'autre. Quelquefois, ils deviennent des sans-abri aussi bien que des chômeurs. Il est alors probable qu'on les trouve / On risque alors de les trouver dans les quartiers les plus pauvres où le niveau de criminalité est plus élevé que dans n'importe quel autre quartier de la ville. C'est souvent un cercle vicieux dont il est difficile de s'échapper.

**6**

Quand l'euro a été introduit, la Grande-Bretagne a dit qu'elle voulait garder sa monnaie. Le gouvernement britannique pense maintenant que la décision d'appartenir ou non à l'Union européenne devrait être prise par le peuple britannique lui-même. Le gouvernement a donc l'intention de faire un référendum qui posera tout simplement cette question-là. Si la majorité des gens préfère faire partie de l'Union européenne, les rapports entre la Grande-Bretagne et l'Europe s'amélioreront probablement. Si toutefois le résultat indique que la Grande-Bretagne devrait quitter l'Europe, quelles en seront les conséquences pour la Grande-Bretagne?

## Topic 3
### The conditional perfect (page 50)

**1**

Underlined: seraient venus, aurais dû, aurais achetées, aurais dû, aurais dit, auriez vu

a  If it had rained, they would not have come.
b  You should not have done/made them at that time.
c  If I had known, I would never have bought them for you.
d  You should not have given them to him/her.
e  In your place, I would not have said anything.
f  If you had come yesterday, you would not have seen anyone.

**2**

a  Si j'avais su, je n'aurais pas regardé ce film.
b  A sa place, je n'aurais rien mangé.
c  S'ils/Si elles avaient regardé les prévisions météo, ils/elles ne seraient pas sorti(e)s.
d  Il n'aurait pas dû téléphoner.
e  Tu n'aurais jamais pu faire ce travail tout(e) seul(e).

**3**

a  Je n'aurais pas dû t'attendre.
b  Je n'aurais pas pu le faire sans votre aide.
c  Ils n'y auraient pas pensé.
d  Vous auriez pu nous le dire.
e  Si j'avais su que tu n'allais pas les lire, je ne te les aurais pas donnés.
f  Tu n'aurais pas dû aller les voir.

**4**

Students' own answers.

### Comparatives and superlatives (page 51)

**1**

a  Cette photo est beaucoup plus claire que celle-là.
b  Elle n'est pas aussi intelligente que ses frères.
c  Il travaille autant que ses amis.
d  La région où ils habitent est plus polluée que celle-ci.
e  Le portable de ma sœur est moins cher que le mien.

**2**

a  C'est une meilleure pièce que celle qu'on a vue le mois dernier.
b  Son rhume est pire qu'hier.
c  Elle est pire que moi!
d  Il joue mieux au basket qu'il joue au foot.

**3**

a  Le mont Blanc est la plus haute montagne d'Europe.
b  C'est la plage la plus attirante du pays.
c  La viande était de la pire qualité possible.
d  Elle est une des violonistes les plus accomplies que je connaisse.
e  Il est le meilleur footballeur que le monde ait jamais vu.

**4**

Students' own answers.

### Dependent infinitives – faire + infinitive (page 52)

**1**

a  Nous faisons/On fait peindre les murs.
b  Je fais réparer ma moto.
c  Si ma femme est d'accord, je ferai restaurer ce vieux meuble.
d  Je vais faire refaire la cuisine.
e  Ses employeurs lui ont fait apprendre à conduire.

**2**

a  Nous ne faisons pas/On ne fait pas peindre les murs.
b  Je ne fais pas réparer ma moto.
c  Si ma femme n'est pas d'accord, je ne ferai pas restaurer ce vieux meuble.
d  Je ne vais pas faire refaire la cuisine.
e  Ses employeurs ne lui ont pas fait apprendre à conduire.

**3**

a  Je lui fais tondre la pelouse.
b  Elle leur fait faire la vaisselle.
c  Il le leur fait faire.
d  Ils ont décidé de le faire faire.
e  Mes pneus? Oui, je les ai fait vérifier.

**4**

a  Ils vont se faire battre par l'autre équipe.

b  Elle s'est fait inviter.

c  Ils se sont fait blesser dans un accident de la route.

d  Je me suis fait faire une robe.

e  Si j'avais su, je me serais fait faire un costume.

## Infinitive constructions (page 53)

All three exercises are students' own answers.

## The future tense of the passive (page 54)

**1**

a  Elle sera aidée par les services sociaux.

b  Je pense qu'ils/elles seront battu(e)s en demi-finale.

c  Sa voiture sera bientôt vendue.

d  Je suis sûr(e) qu'elle ne sera pas impressionnée.

e  Ceux qui cambriolent des maisons seront mis en prison.

f  On nous dira où aller.

**2**

a  Ce sera fait. On le fera.

b  Ce travail ne sera pas fini avant le week-end. On ne finira pas ce travail avant le week-end.

c  Les gagnants seront sélectionnés samedi. On sélectionnera les gagnants samedi.

d  Ils ne seront pas invités à la fête. On ne les invitera pas à la fête.

e  J'espère qu'elle ne sera pas renvoyée. J'espère qu'on ne la renverra pas.

**3**

a  On te demandera ton opinion.

b  On nous dira ce que nous devons faire.

c  On leur donnera des cadeaux de mariage.

d  On lui enverra le formulaire de demande.

e  On ne leur permettra pas d'entrer.

**4**

Students' own answers.

## The present participle (page 55)

**1**

a  Knowing what he is like, I don't believe that he is telling the truth.

b  Thinking that he was on time, he did not rush.

c  Not wanting to be late for his appointment, he took a taxi.

**2**

Students' own answers.

**3**

a  Ayant perdu son travail, il en cherche un autre.

b  Ayant regardé l'émission, il a pu en discuter.

c  Etant arrivés à leur hôtel, ils se sont tout de suite couchés.

d  S'étant réveillée tôt, elle a eu le temps de prendre le petit déjeuner.

**4**

a  En faisant de l'exercice régulièrement, il a perdu beaucoup de poids.

b  Elle a eu un accident en conduisant la voiture de son père.

c  Il l'a vue en attendant le train.

d  Elle a voté pour lui en sachant exactement le genre de personne qu'il était.

e  Philippe s'est fait mal en tombant de vélo.

**5**

Students' own answers.

## Inversion after direct speech (page 56)

**1**

a confirmer = to confirm, b déclarer = to declare, c répondre = to reply/ to answer, d promettre = to promise, e admettre = to admit, f remarquer = to remark, g expliquer = to explain, h demander = to ask, i annoncer = to announce, j crier = to shout

The sentences are students' own answers.

**2**

Students' own answers.

**3**

a  'J'irai en ville', a-t-il dit.

b  'C'est de ma faute', a avoué son frère.

c  'Nous te rencontrerons au café du centre', lui ont dit ses copains.

d  'Il faut que tu mettes tes nouvelles chaussures', lui a-t-elle dit.

e  'Ne rentre pas trop tard', lui ont demandé ses parents.

## Recap of when to use the subjunctive (page 57)

**1**

Students' own answers.

**2**

Possible answers include:

a  as example

b  fear – je crains que, j'ai peur que

c  regret – je regrette que, je suis désolé/navré que

d  wanting – je veux que, j'aimerais que, je voudrais que

e  preference – je préfère que, j'aimerais mieux que, il vaudrait mieux, il est préférable que

f  possibility – il se peut que, il est possible que

g  necessity – il faut que, il est nécessaire/essentiel/primordial/important/ impératif que

**3**

a  I would have preferred them to tell you about it.

b  I wanted you to know it by heart.

c  I don't think we can come.

d  It may snow today.

e  My mother is disappointed that I was not offered a full-time job.

## The imperfect subjunctive (page 58)

**1**

|  | -er verbs: regarder past historic: il regarda | -ir/-re verbs: répondre past historic: il répondit | irregular verbs: avoir past historic: il eut |
|---|---|---|---|
| que je/j' | regardasse | répondisse | eusse |
| que tu | regardasses | répondisses | eusses |
| qu'il/elle | regardât | répondît | eût |
| que nous | regardassions | répondissions | eussions |
| que vous | regardassiez | répondissiez | eussiez |
| qu'ils/elles | regardassent | répondissent | eussent |

**2**

a pouvoir, b venir, c être, d savoir, e devoir, f faire, g voir, h tenir, i lire

**3**

a  She wanted them to be back before midnight.

b  She would have liked us to do the washing up.

c  I did not think they would be there.

d  It was important that they should know.

e  I would never have thought/believed that they would come and visit us.

## Overview of tenses (page 59)

**1**

|  | present | imperfect | future | conditional | subjunctive |
|---|---|---|---|---|---|
| -er verbs | je parle | je parlais | je parlerai | je parlerais | je parle |
| -ir verbs | je finis | je finissais | je finirai | je finirais | je finisse |
| -re verbs | je réponds | je répondais | je répondrai | je répondrais | je réponde |

**2**

| present tense of -er verbs | -e, -es, -e, -ons, -ez, -ent |
|---|---|
| present tense of -ir verbs | -is, -is, -it, -issons, -issez, -issent |
| present tense of -re verbs | -s, -s, –, -ons, -ez, -ent |
| the imperfect tense | -ais, -ais, -ait, -ions, -iez, -aient |
| the future tense | -ai, -as, -a, -ons, -ez, -ont |
| the subjunctive of -er and -re verbs | -e, -es, -e, -ions, -iez, -ent |
| the subjunctive of -ir verbs | -isse, -isses, -isse, -issions, -issiez, -issent |

**3**

| | perfect | pluperfect | future perfect | conditional perfect | perfect subjunctive |
|---|---|---|---|---|---|
| -er verbs | j'ai parlé | j'avais parlé | j'aurai parlé | j'aurais parlé | j'aie parlé |
| -ir verbs | j'ai fini | j'avais fini | j'aurai fini | j'aurais fini | j'aie fini |
| -re verbs | j'ai répondu | j'avais répondu | j'aurai répondu | j'aurais répondu | j'aie répondu |

**4**

| | avoir | | | | |
|---|---|---|---|---|---|
| | present | imperfect | future | cond. | subj. |
| j' | ai | avais | aurai | aurais | aie |
| tu | as | avais | auras | aurais | aies |
| il/elle/on | a | avait | aura | aurait | ait |
| nous | avons | avions | aurons | aurions | ayons |
| vous | avez | aviez | aurez | auriez | ayez |
| ils/elles | ont | avaient | auront | auraient | aient |

| | être | | | | |
|---|---|---|---|---|---|
| | present | imperfect | future | cond. | subj. |
| je/j' | suis | étais | serai | serais | sois |
| tu | es | étais | seras | serais | sois |
| il/elle/on | est | était | sera | serait | soit |
| nous | sommes | étions | serons | serions | soyons |
| vous | êtes | étiez | serez | seriez | soyez |
| ils/elles | sont | étaient | seront | seraient | soient |

**5**

aller, venir, arriver, partir, mourir, naître, monter, descendre, entrer, sortir, rentrer, revenir, retourner, devenir, tomber, rester

**Mixed practice (pages 60–61)**

**1**

Students' own answers.

**2**

a J'aimerais que tu apprennes à monter à cheval.
b Il est important que vous arrêtiez de fumer.
c Je ne pense pas que tu puisses continuer à sortir avec lui.
d Je veux que vous essayiez de l'oublier.
e Je ne suis pas sûr(e) qu'il arrive à apprendre à nager.

**3**

a Il lui a dit qu'il voudrait qu'elle sorte avec lui ce soir.
b Elle a répondu qu'elle ne pensait pas qu'ils aient le temps de sortir.
c Il a expliqué qu'il aimerait bien qu'ils aillent au cinéma ensemble.
d Elle a dit qu'il fallait qu'elle s'occupe de ses petits frères.
e Il a répondu que c'était dommage qu'elle ne soit pas libre.

**4**

a En s'entraînant tous les jours, elle est devenue la meilleure joueuse de l'équipe.
b En travaillant dur, il est arrivé à avoir de meilleures notes que ses amis.
c Elle est devenue une des personnes les plus célèbres du pays en écrivant des romans.
d En gagnant une médaille d'or, il a prouvé qu'il était l'homme le plus fort du monde.
e En se promenant, ils/elles ont vu les plus belles fleurs sauvages de la région.

**5**

a You should read it.
b I didn't think they would come so early.
c It was essential that they should do it.
d I wouldn't like you to be disappointed.
e Although he was afraid, he went.

**6**

a Les murs seront repeints cette semaine.
b Une décision sera bientôt prise.
c Les courses seront faites jeudi.
d Le président de la République sera élu dans trois ans.
e Ces lettres ne leur seront pas envoyées.

**7**

a Jacques a fait construire une maison.
b Ils/Elles feront réparer leur machine à laver la semaine prochaine.
c Elle l'a fait travailler dur.
d Les voisins l'ont fait faire.
e Elle s'est fait couper les cheveux.

**8**

a On lui demandera ce qu'elle en pense.
b Si on lui avait dit où c'était, elle y serait allée.
c 'Je voudrais que tu me prêtes de l'argent,' a dit son frère.
d En jouant au rugby, il se maintient en bonne santé.
e Il risque d'oublier de fermer la porte à clé.

**Test yourself (pages 62–65)**

Sample translations:

**1**

Il est dommage que tu aies été malade la semaine dernière car j'aurais aimé que tu sois venu(e) en Avignon avec nous. Je pense que tu aimerais vraiment la ville. Bien que l'hôtel soit près du centre, nous avons des vues fantastiques de la rivière. Hier, nous sommes allés visiter le Palais des Papes et aujourd'hui, nous allons descendre en Camargue. Je voudrais aussi que nous montions au mont Ventoux en voiture. Bien qu'il fasse beau maintenant, il pleuvait quand nous sommes arrivés.

**2**

Les énergies renouvelables sont importantes parce qu'elles ne s'épuiseront pas à l'avenir. A mon avis, nous devrions essayer d'en développer toutes ses formes. Dans un pays comme le nôtre, qui est complètement entouré par la mer, il est essentiel que nous capturions l'énergie des marées. Nous devrions aussi nous rappeler que, sur la côte en particulier, il y a souvent beaucoup de vent. Il faut donc que nous construisions des barrages et des éoliennes qui nous fourniront l'énergie dont nous aurons besoin à l'avenir.

**3**

La familiarité avec la langue française est souvent la raison pour laquelle les immigrés choisissent de venir en France. Bien que la France ait assez d'espace pour accueillir les immigrés, elle ne peut pas toujours leur offrir un travail, et ceux qui ont un travail bien payé sont une minorité. On espère que, dès que la situation économique se sera améliorée, de nouveaux emplois seront créés / on créera de nouveaux emplois pour tout le monde.

**4**

On nous conseille de faire beaucoup de choses pour rester en bonne santé. Par exemple, il est nécessaire que nous mangions cinq portions de fruits et légumes par jour et ceux qui fument devraient au moins essayer de s'arrêter. Il est aussi recommandé / On nous recommande aussi de dormir huit heures par jour. Nous devrions tous faire de l'exercice tous les jours et éviter de passer tout notre temps devant un écran

**5**

Information for students.

Learning Resource Centre

The College, Merthyr Tydfil